독자의 1초를
아껴주는 정성을
만나보세요!

세상이 아무리 바쁘게 돌아가더라도 책까지 아무렇게나 빨리 만들 수는 없습니다.

인스턴트 식품 같은 책보다 오래 익힌 술이나 장맛이 밴 책을 만들고 싶습니다.

땀 흘리며 일하는 당신을 위해 한 권 한 권 마음을 다해 만들겠습니다.

마지막 페이지에서 만날 새로운 당신을 위해 더 나은 길을 준비하겠습니다.

마인크래프트 게임 제작
무작정 따라하기

신윤철, 이상민 지음

길벗

마인크래프트 게임 제작 무작정 따라하기

The Cakewalk Series - Making Minecraft Game with MakeCode

초판 발행 · 2018년 7월 12일
초판 6쇄 발행 · 2022년 4월 30일

지은이 · 신윤철, 이상민
발행인 · 이종원
발행처 · ㈜도서출판 길벗
출판사 등록일 · 1990년 12월 24일
주소 · 서울시 마포구 월드컵로 10길 56(서교동)
대표 전화 · 02)332-0931 | 팩스 · 02)323-0586
홈페이지 · www.gilbut.co.kr | 이메일 · gilbut@gilbut.co.kr

기획 및 책임 편집 · 김윤지(yunjikim@gilbut.co.kr) | 디자인 · 장기춘 | 제작 · 이준호, 손일순, 이진혁
영업마케팅 · 임태호, 전선하, 지운집 | 영업관리 · 김명자 | 독자지원 · 송혜란, 정은주

교정교열 · 김희정 | 전산편집 · 도설아 | 출력 · 인쇄 · 예림인쇄 | 제본 · 예림바인딩

ISBN 979-11-6050-514-6 73000
(길벗 도서번호 006993)

정가 14,000원

독자의 1초를 아껴주는 정성 길벗출판사

(주)도서출판 길벗 | IT실용, IT/일반 수험서, 경제경영, 취미실용, 인문교양(더퀘스트) www.gilbut.co.kr
길벗스쿨 | 국어학습, 수학학습, 어린이교양, 주니어 어학학습, 교과서 www.gilbutschool.co.kr
길벗이지톡 | 어학단행본, 어학수험서 www.eztok.co.kr

페이스북 · www.facebook.com/gbitbook

"교실 안에서 새로운 세계를 만들어 냈다!"

미국의 IT 전문 매체인 패스트 컴퍼니(Fast Company)가 2017년 전세계 교육 부문 최고 혁신 기업으로 마이크로소프트를 선정하면서 남긴 리뷰입니다. 여기에서 언급한 '새로운 세계'란 교육용 마인크래프트를 통해 구현한 세계를 의미합니다.

마인크래프트는 오픈 월드를 기반으로 한 교육용 게임으로 현존하는 가장 혁신적인 교육용 플랫폼입니다. 이러한 열린 세계 안에서 학생들은 문제를 해결하기 위해 창의력을 발휘하고, 서로 협업하며, 컴퓨팅 사고력(computational thinking)을 키워 나갑니다.

이 책에서는 특히 마인크래프트를 통해 컴퓨팅 사고력을 기를 수 있는 방법을 소개합니다. 미래 사회에서 갖춰야 할 기본 소양은 읽기, 쓰기, 셈하기에 이어 컴퓨팅 사고력이 될 것입니다. 하지만 컴퓨팅 사고력을 기존 방식으로 학습하기에는 기술에 대한 두려움, 현실과의 괴리, 직접적인 결과물의 부재와 같은 여러 장애물이 있습니다. 하지만 이러한 장애물은 적절한 교구를 활용함으로써 극복할 수 있습니다.

마인크래프트는 이미 학생들이 가장 좋아하는 게임이자 교육용 플랫폼입니다. 그리고 미래의 핵심 역량인 컴퓨팅 사고력을 기를 수 있는 좋은 교구이기도 합니다. 마인크래프트라는 또 다른 새로운 세계를 통해 한국의 많은 학생들이 컴퓨팅 사고력을 경험하고, 흥미를 갖고, 더욱 넓은 세상으로 나아갈 수 있기를, 가능성을 넓히기를 진심으로 기원합니다.

한국마이크로소프트 공공교육사업본부 총괄
김현정 전무

마인크래프트를 즐기는 새로운 방법, 코딩!

마인크래프트는 네모난 블록으로 이뤄진 세계에서 집을 짓기도 하고, 도구를 만들어 광물을 캐기도 하고, 농사도 짓는 등 자유롭게 활동할 수 있는 게임입니다. 초등학생 사이에서는 이미 모르는 사람이 없을 정도로 유명한 게임이고, 마이크로소프트가 약 2조5천억 원에 인수했을 정도로 세계적인 게임입니다.

이런 마인크래프트 게임을 이용해 코딩을 배울 수 있다는 이야기를 들어 본 적이 있나요? 코딩은 여러분이 상상하는 세상을 컴퓨터 언어로 풀어내는 것입니다. 아이들이 코딩을 배우면 미래를 살아가는 데 꼭 필요한 능력인 사고력을 기르는 데 도움을 받을 수 있습니다.

최근 마이크로소프트에서는 메이크코드(MakeCode)라는 코딩 도구를 만들었습니다. 메이크코드를 사용하면 마인크래프트에서는 피할 수 없었던 지루하게 반복되는 작업을 효과적으로 줄일 수 있습니다. 게다가 코딩으로 마인크래프트 규칙을 설정하여 게임 안에서 또 다른 미니 게임을 만들어 친구들과 즐길 수도 있습니다.

이 책은 마인크래프트 월드에 메이크코드로 만든 코드를 적용하면서 게임과 코딩을 더 즐길 수 있도록 구성하였습니다. 선생님과 병만이의 대화를 보면서 학습 문제를 확인하고 코딩을 이용해서 문제를 해결하는 스토리텔링 방식입니다. 마인크래프트와 코딩을 처음 배우는 사람도 쉽게 따라올 수 있도록 과정을 하나하나 설명합니다. 책을 차근차근 따라하다 보면 코딩도 쉬워지고 미니 게임도 만들 수 있습니다. 책에 담긴 글과 그림만 봐서는 조금 헷갈리는 부분이 있을 수 있습니다. 이런 문제가 생기지 않도록 장마다 유튜브 영상을 담았습니다. 책을 보면서 대충 넘겼거나 이해되지 않았던 부분은 영상을 보면서 해결하기 바랍니다.

책을 통해 마인크래프트가 단순한 게임이 아니라 코딩을 배울 수 있는 훌륭한 시뮬레이션 도구라는 걸 알리고 싶었습니다. 마인크래프트를 이용한 코딩을 충분히 연습한 다음 아이디어가 톡톡 튀는 코드를 만들고 공유하는 것은 물론 또 다른 방식으로 마인크래프트를 즐길 수 있길 바랍니다.

저자 신윤철 드림

함께 대학을 다녔던 친구들 중에는 유난히 열정적이고 창의적인 친구가 많았습니다. 재미있고 혁신적인 일을 꾸미는 걸 좋아했던 친구들이었습니다. 그중 몇몇이 제가 대학을 졸업하고 초등학교 현장에서 아이들을 가르치고 있을 때 즈음 "마인크래프트를 이용한 교육을 해 보자"는 이야기를 했습니다. 아이들이 신봉(?)하는 게임인 마인크래프트, 아이들이 콘텐츠를 소비하는 데 가장 오랜 시간을 보내는 유튜브, 아이들의 스타로 군림하는 크리에이터…. 이런 아이디어가 모여 탄생한 것이 바로 마인크래프트 교육 연구회인 '에듀크리에이터 스티브코딩'입니다.

지금 다니는 초등학교에서는 방과 후 활동으로 '마인크래프트 메이크코드' 수업을 하고 있습니다. 수업이 끝나도 아이들은 교실을 떠나지 않습니다. 시간 가는 줄 모르고 코딩을 하다 스쿨버스 출발 시간에 겨우 맞춰 뛰쳐나가곤 합니다. 마인크래프트로 과학 수업을 할 때는 다른 교과 수업도 이렇게 하면 좋겠다고 말하기도 합니다. 학생들이 좋아하는 것과 어려워하는 것을 함께 할 수 있다면 어떨까요? 말도 안 되는 소리로 들리겠지만 마인크래프트는 이것을 가능케 합니다.

이 책은 오랜 시간 함께 연구한 스티브코딩의 소중한 결실입니다. 함께 해 준 스티브코딩 회원 모두에게 고맙다는 말을 전합니다. 그리고 좋은 책이 나올 수 있도록 애써 준 길벗출판사 김윤지 과장님, 한국마이크로소프트 김식 과장님과 정재은 MLC 및 여러 관계자분께 감사드립니다!

저자 이상민 드림

신윤철 선생님은 학생들이 좋아하는 교육을 찾아 STEAM, GBL, SW교육에 관심을 두고 연구하는 현직 초등학교 교사입니다. 현재 마이크로소프트의 혁신교육교사(MIEE)로 활동하고 있으며, 마인크래프트 글로벌 멘토로 선정되어 왕성한 활동을 하고 있습니다. 한국과학창의재단의 SW 마스터티처로 위촉되어 KERIS, 지역교육청, 한국교총에서 '마인크래프트를 활용한 SW교육'으로 강의를 하고 있습니다.

이상민 선생님은 게임을 좋아하고 그중에서도 특히 마인크래프트를 즐기는 현직 초등학교 교사입니다. 마인크래프트 교육 연구회 스티브코딩의 멤버로 게이미피케이션, SW교육과 관련된 활동에 힘쓰고 있습니다. 또한 마이크로소프트의 혁신교육교사(MIEE)와 마인크래프트 글로벌 멘토로 활동 중입니다. 스티브코딩 유튜브채널 크리에이터로 많은 학생들과 선생님들에게 다가가려고 노력하고 있습니다.

스티브코딩은 마인크래프트를 활용한 교육을 연구하는 현직 초등학교 교사들의 모임입니다. 2016년부터 지금까지 게이미피케이션, SW교육과 관련하여 집필, 강의, 사례 연구 등 다양한 활동들을 하고 있습니다.
유튜브 https://www.youtube.com/스티브코딩에듀크리에이터

코딩이 더 재미있어지고 실력도 늘었어요. 앞으로도 열심히 해서
저만의 멋진 게임과 작품 세계를 꼭 만들고 싶어요

남은성 • 초등학교 5학년

마인크래프트를 게임 제작이라는 새로운 방면에서 즐길 수 있는
쉽고 재미있는 책이에요.

이남우 • 중학교 1학년

내가 원하는 대로 프로그램을 만들고 그대로 게임을 할 수 있어
정말로 재미있고 신기했어요.

김건양 • 초등학교 4학년

마인크래프트 세계를 내가 지배하는 느낌이 들었어요.
마치 내가 크리에이터가 된 것 같아 좋았어요.

양준서 • 초등학교 4학년

메이크코드를 배웠더니 마인크래프트가 더 재밌어졌어요.
게임도 만들고 에펠탑도 지을 거예요.

박지원 • 초등학교 3학년

이 책의 구성과 특징

이 책은 크게 세 개 파트로 구성되어 있습니다. 차근차근 책에 나온 대로 따라해 보세요.
마인크래프트 월드에서 코딩을 통해 여러분의 아이디어를 직접 만들어 볼 수 있을 거예요.

설치편 마인크래프트 게임과 코딩 도구인 메이크코드를 설치한 다음 둘을 연결합니다.

기본편 메이크코드에서 만든 코드를 마인크래프트 월드에 적용해 봅니다.

게임편 앞에서 배운 내용을 이용해 게임을 만들고 만든 게임을 조금씩 응용하고 변형해 봅니다.

완성 작품

선생님과
병만이의 대화

학습목표

유튜브
동영상

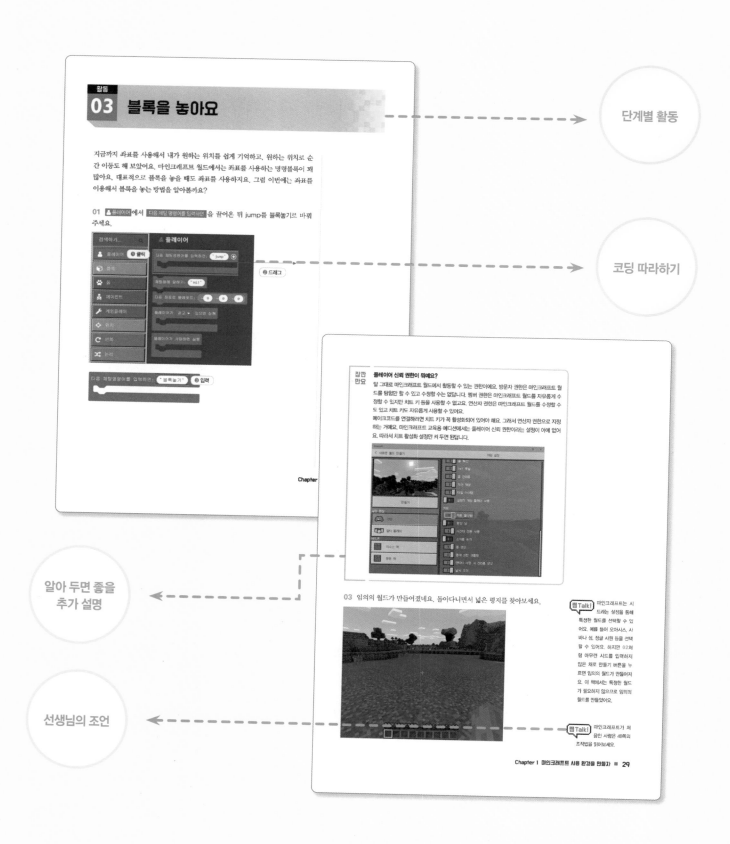

활동 03 블록을 놓아요

지금까지 좌표를 사용해서 내가 원하는 위치를 쉽게 기억하고, 원하는 위치로 순간 이동도 해 보았어요. 마인크래프트 월드에서는 좌표를 사용하는 명령블록이 꽤 많아요. 대표적으로 블록을 놓을 때도 좌표를 사용하지요. 그럼 이번에는 좌표를 이용해서 블록을 놓는 방법을 알아볼까요?

01 플레이어에서 다음 채팅 명령어를 입력하면 을 끌어온 뒤 jump를 블록놓기로 바꿔 주세요.

잠깐만요 플레이어 신뢰 권한이 뭐예요?

말 그대로 마인크래프트 월드에서 활동할 수 있는 권한이에요. 방문자 권한은 마인크래프트 월드를 탐험만 할 수 있고 수정할 수는 없답니다. 멤버 권한은 마인크래프트 월드를 자유롭게 수정할 수 있지만 치트 키 등을 사용할 수 없고 연산자 권한은 마인크래프트 월드를 수정할 수도 있고 치트 키도 자유롭게 사용할 수 있어요.

메이크코드를 연결하려면 치트 키가 꼭 활성화되어 있어야 해요. 그래서 연산자 권한으로 지정하는 거예요. 마인크래프트 교육용 에디션에서는 플레이어 신뢰 권한이라는 설정이 아예 없어요. 따라서 치트 활성화 설정만 켜 두면 된답니다.

03 임의의 월드가 만들어겠네요. 돌아다니면서 넓은 평지를 찾아보세요.

Talk! 마인크래프트는 시드라는 설정을 통해 특정한 월드를 선택할 수 있어요. 예를 들어 오아시스, 사바나 섬, 정글 사원 등을 선택할 수 있어요. 하지만 02처럼 아무런 시드를 입력하지 않은 채로 만들기 버튼을 누르면 임의의 월드가 만들어지요. 이 책에서는 특정한 월드가 필요하지 않으므로 임의의 월드를 만들었어요.

Talk! 마인크래프트가 처음인 사람은 48쪽의 조작법을 읽어보세요.

이 책에 나오는 모든 코드 파일은 완성된 파일 형태로 내려받을 수 있습니다. 하지만 되도록이면 직접 책의 내용을 따라서 만들어 보세요. 만들면서 배우는 즐거움을 찾을 수 있을 것입니다.

❶ 길벗출판사 홈페이지(www.gilbut.co.kr)에 접속합니다.

❷ [독자지원/자료실] → [자료/문의/요청]에서 도서명으로 검색하여 예제 파일을 내려받습니다.

❸ 원하는 폴더에 내려받은 파일의 압축을 풉니다.

❹ 마인크래프트와 메이크코드를 연결한 다음 메이크코드 화면 오른쪽에 있는 가져오기 버튼을 누릅니다.
(메이크코드 연결 및 실행 방법은 27쪽에서 다룹니다).

❺ 가져오기 창이 뜨면 파일 가져오기를 누르고, .mkcd 파일 열기 창이 뜨면 파일 선택 버튼을 누릅니다.

❻ 예제 파일이 있는 폴더에서 원하는 파일을 선택하면 코드 파일을 확인할 수 있습니다(파일을 메이크코드로 드래그해도 실행할 수 있습니다).

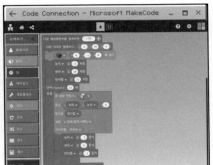

목차

마인크래프트 준비하기

설치편

마인크래프트 게임을 구입하여 설치한 다음 코딩 에디터인 메이크코드를 사용할 수 있도록 하는 코드 커넥션 프로그램도 설치해 보겠습니다. 마인크래프트가 처음이라 걱정이라고요? 걱정하지 마세요. 초보자도 따라올 수 있게 차근차근 안내할 거예요. 자, 그럼 준비 운동을 시작해 볼까요?

마인크래프트
사용 환경을 만들자

병만이

선생님~ 지금 학교에서 게임하시는 거예요?

하하하 선생님은 지금 마인크래프트라는 게임으로 공부를 하고 있는 거야.

신상샘

병만이

게임으로 공부를 한다고요?
에이~ 거짓말하지 마세요.

거짓말이라니! 병만아, 혹시 '코딩'에 대해 들어 본 적 있니?

신상샘

병만이

음~ 들어 본 것 같기도 하고 아닌 것 같기도 하고….

오늘 처음 들은 말이라고 해도 괜찮아. 선생님이 알려 주는 대로
따라오면 네가 코딩한 것을 마인크래프트 월드에 적용할 수 있어.

신상샘

병만이

우와! 제가 코딩한 것을 게임에서 실행할 수 있다고요?

물론이지. 그럼 우리 함께 어떻게 마인크래프트라는 게임으로 코딩을 할 수 있는지 알아볼까?

신상샘

나에게 맞는
마인크래프트 에디션을 골라요

마인크래프트는 2011년에 출시된 샌드박스 방식의 건설 게임이에요. 3차원 세상에서 다양한 블록을 놓거나 부수면서 여러 건축물을 만드는 게임이지요. 2016년에는 마인크래프트 교육용 에디션이 나오면서 기존에는 없던 메이크코드(Makecode)라는 '코딩 도구(에디터)'가 생겼어요. 메이크코드에서 코딩한 것은 마인크래프트 월드에 바로 적용할 수 있답니다.

쌤Talk! 코딩(프로그래밍)이란 컴퓨터가 알아들을 수 있도록 명령을 작성하는 것을 말해요. 엔트리나 스크래치 같은 다양한 프로그래밍 언어를 들어 본 적 있을 거예요. 우리는 '메이크코드'라는 코딩 도구를 사용해서 건축이나 날씨 바꾸기와 같은 다양한 명령을 만들어 보고, 마인크래프트 월드에서 실행해 볼 거예요.

메이크코드를 사용하려면 '마인크래프트 스타터 컬렉션' 또는 '마인크래프트 교육용 에디션' 중 하나가 있어야 해요. 둘 중 어느 것을 사용할지 고민이라면 다음 설명을 보면서 내게 꼭 맞는 에디션을 준비해 보세요.

- **마인크래프트 스타터 컬렉션** 마인크래프트를 윈도우에서 플레이하는 사용자를 위한 에디션을 말해요. 스타터 컬렉션에는 기본 게임을 포함한 추가 콘텐츠를 포함하고 있어요. 마이크로소프트 스토어에서 살 수 있어요.
  - ⊙ 새로 구매할 사람은 15쪽으로 가세요.
  - ⊙ 기존에 마인크래프트 PC 게임을 구매했던 사람은 18쪽으로 가세요.
- **마인크래프트 에듀케이션 에디션** 학교에서 쓰기 적합한 에디션이에요. 학교에서만 접근할 수 있는 교육용 스토어에서 살 수 있어요.
  - ⊙ O365 계정이 있는 사람은 21쪽으로 가세요.

▦ 마인크래프트 스타터 컬렉션 설치하기(새로 구매하는 사람)

마인크래프트 스타터 컬렉션은 인터넷에서 30,400원을 결제해야 내려받을 수 있어요.

> **잠깐
> 만요**
>
> **먼저 내 컴퓨터의 운영체제가 윈도 10인지 확인해 보세요!**
>
> 마인크래프트 스타터 컬렉션을 설치하려면 윈도 10(Windows 10)이라는 운영체제가 필요해요. 최근에 산 컴퓨터라면 윈도 10이 기본으로 설치되어 있을 거예요. 작업 표시줄에 보이는 돋보기 모양 🔍 아이콘을 누르고 시스템 정보를 입력하세요. 위쪽에 시스템 정보가 보이면 선택하세요.
>
>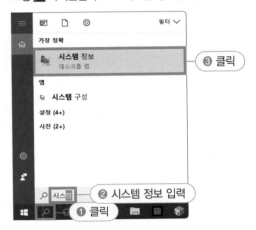
>
> 운영체제는 물론 다양한 시스템 정보를 확인할 수 있어요.
>
>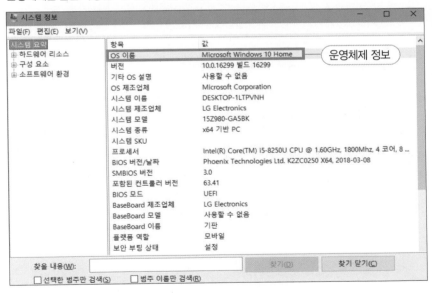
>
> 또는 작업 표시줄에 다음과 같은 아이콘이 보이면 운영체제는 윈도 10이랍니다.
>
>

01 작업 표시줄에 보이는 🔎 아이콘을 누르고 store를 입력하세요. 위쪽에 Microsoft Store가 보이면 선택하세요.

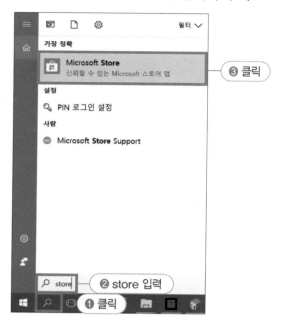

02 마이크로소프트 스토어로 들어가 위쪽 검색 창에 minecraft를 입력하고 Minecraft Windows 스타터 컬렉션을 선택하세요.

Talk! 마인크래프트 스타터 컬렉션에는 기본 게임 Minecraft Windows와 함께 추가 콘텐츠가 포함되어 있어요.

03 스타터 컬렉션의 가격(30,400원)이 적힌 버튼을 눌러 결제를 하고 설치를 진행하세요.

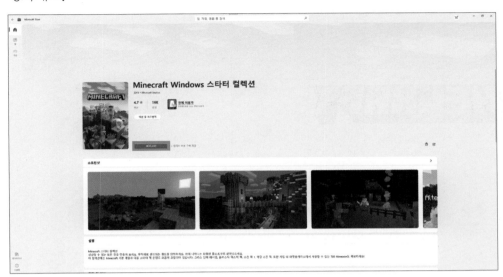

마이크로소프트 스토어에서 Minecraft Launcher를 다운받아 실행하여 앱 내에서 구매할 수도 있어요. 설치 방식만 다를 뿐 게임은 동일합니다.

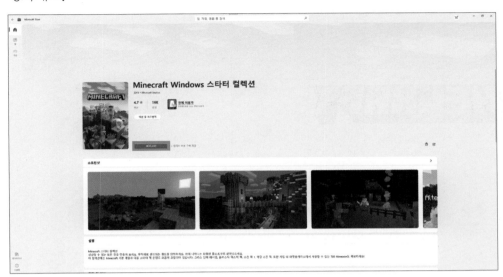

04 설치까지 마쳤다면 마인크래프트 스타터 컬렉션을 실행해 볼게요. 작업 표시줄의 🔍 아이콘을 누르고 minecraft를 입력하세요. 위쪽에 **마인크래프트(Minecraft)**가 보이면 선택하세요.

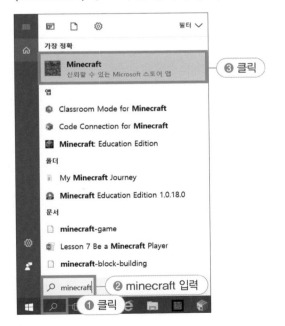

05 마인크래프트 스타터 컬렉션 로딩 화면이 뜨면서 자동으로 실행됩니다.

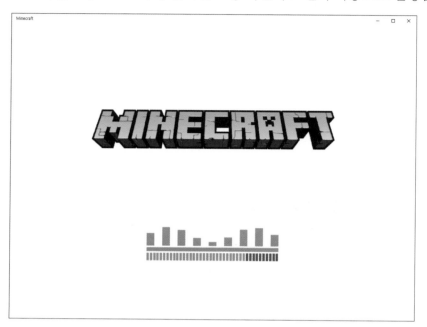

잠깐만요 **기존에 마인크래프트 게임을 구매한 적이 있나요?**

먼저 내가 갖고 있는 마인크래프트 게임이 윈도 기반 스타터 컬렉션인지 자바 에디션인지 확인해 보세요.

두 종류의 마인크래프트 게임은 바탕화면 아이콘 모양으로 구분이 가능해요.

또한, 실행 화면으로도 구분할 수 있어요. JAVA 에디션의 경우 마인크래프트 로고 아래에 JAVA EDITION이라고 적혀 있답니다.

로고 아래에 JAVA EDITION이라고 적혀 있으면 JAVA 에디션이에요.

로고 아래에 아무런 표시가 없다면 스타터 컬렉션이에요.

JAVA 에디션의 경우 코딩 도구인 메이크코드를 지원하지 않으므로 이 책의 학습을 따라 할 수 없답니다. 따라서 15쪽의 안내에 따라 스타터 컬렉션을 별도로 구매해야 해요.

예전에는 JAVA 에디션 소유자를 위해 스타터 컬렉션을 무료로 받을 수 있도록 마인크래프트 공식 홈페이지에서 기프트 코드를 제공했었습니다. 하지만 2018년 10월부터 더 이상 기프트 코드를 제공하지 않는 것으로 정책이 변경되었답니다.

마인크래프트 에디션의 종류

마인크래프트는 처음 출시된 이후로 많은 업데이트와 함께 다양한 버전이 출시되었어요. 클래식 마인크래프트 버전을 이어가는 JAVA 에디션, 윈도 10에 맞게 출시한 스타터 컬렉션, 모바일 버전인 마인크래프트 PE, 엑스박스 같은 콘솔 게임기를 위한 콘솔 에디션도 있어요. 또한 교육적인 목적을 위해 출시된 에듀케이션 에디션이 있답니다.

다양한 마인크래프트 버전 중에서 메이크코드가 가능한 것은 스타터 컬렉션과 에듀케이션 에디션 두 가지예요. 두 에디션의 게임 플레이는 거의 비슷하지만 약간의 차이점이 있답니다.

에듀케이션 에디션은 학교 수업을 위해 출시된 버전이므로 교육적인 목적과 관련된 아이템이 따로 있답니다. 그리고 클래스룸 모드라는 별도의 프로그램을 통해서 마인크래프트 게임 안에서 선생님들이 수업을 쉽게 진행할 수 있도록 도와줘요.

에듀케이션 에디션에서는 스킨이나 텍스처 팩과 같은 것을 구매할 수 없지만, 다양한 스킨이 이미 준비되어 있고 라이브러리를 통해서 텍스처 팩이 적용된 월드를 제공하고 있어요.

쌤Talk! 에듀케이션 에디션은 학교 교육을 위한 버전이므로 개인이 구매할 수는 없어요. 하지만 O365 계정이 있다면 15회에 한해 이용이 가능해요. 관련 내용은 21쪽을 참고하세요.

라이브러리를 통해
제공하는 에듀케이션
에디션의 월드 종류

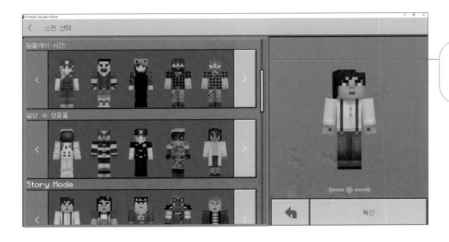

에듀케이션
에디션에서 제공하는
플레이어 스킨

🟫 마인크래프트 에듀케이션 에디션 설치하기

마인크래프트 스타터 컬렉션을 사기 힘들다고요? 그럼 마인크래프트 에듀케이션 에디션을 사용해 보세요. 교육용 O365 계정만 있으면 마인크래프트를 최대 15회 (교사용 계정은 25회)까지 무료로 로그인할 수 있어요.

교육용 O365 계정은 마이크로소프트 제품인 워드, 파워포인트, 엑셀, 원노트 등을 무료로 사용할 수 있는 계정이에요. 대학교 이하 학생 또는 선생님들은 무료로 받을 수 있어요. 특히 마인크래프트 에듀케이션 에디션을 플레이하거나 구입하려면 교육용 O365 계정이 꼭 필요해요.

01 마인크래프트 에듀케이션 에디션 공식 홈페이지(http://education.minecraft. net)로 들어가서 **다운로드(DOWNLOAD)**를 선택하세요.

쌤Talk! 여러분이 초등학생, 중학생, 고등학생이라면 담임 선생님이나 컴퓨터 담당 선생님에게 교육용 O365 계정을 받을 수 있는지 물어 보세요. 또는 오피스 365 서비스 웹사이트(www. o365service.co.kr/office365)로 접속한 뒤 소속 교육청을 선택하여 O365 계정을 생성할 수 있어요. 계정을 생성할 때 필요한 인증 코드는 소속 학교나 교육청별 파트너사에 연락하여 확인할 수 있답니다.

02 자신의 디바이스에 맞는 설치 파일을 추천해줘요. **Download now**를 눌러 설치를 시작하세요. 마인크래프트 에듀케이션 에디션은 윈도(Windows), 크롬북 (Chromebook), 맥(MAC), 아이패드(IPAD)에서 실행할 수 있어요.

03 다운로드한 설치 파일을 실행하고 설치 마법사를 통해 설치를 진행해 주세요.

04 설치를 마쳤으면 작업표시줄의 검색 아이콘을 누르고 Minecraft education edition을 검색한 뒤 실행해 주세요.

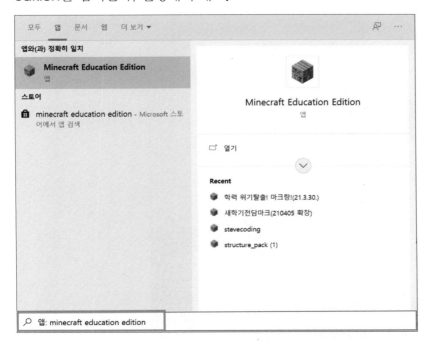

05 마인크래프트 에듀케이션 에디션이 실행되는 것을 확인할 수 있습니다.

06 마인크래프트 에듀케이션 에디션을 실행하려면 교육용 O365 계정으로 로그 인해야 해요. 학교에서 받은 교육용 O365 계정으로 로그인하세요.

쌤Talk! 교육용 O365 계정 을 구하기 어려운 사람도 많을 거예요. 따라서 이 책에서는 마인크래프트 교 육용 에디션이 아닌 마인크래 프트 스타터 컬렉션을 기준으 로 설명할게요. 따라하는 데 는 차이가 거의 없으니 걱정 하지 않아도 돼요.

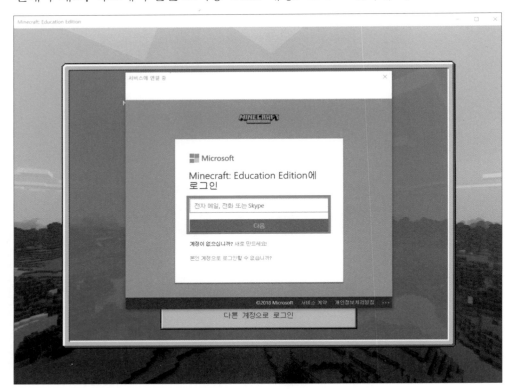

02 마인크래프트 코딩 도구를 설치해요

마인크래프트 월드에서 코딩하려면 메이크코드가 필요해요. 그리고 마인크래프트와 메이크코드를 연결하려면 프로그램이 하나 더 필요한데 바로 코드 커넥션(Code Connection)이라는 프로그램이에요. 코드 커넥션은 여러분이 메이크코드에서 코딩한 것을 마인크래프트와 연결해 줘요. 커넥션이라는 영어 단어가 '연결'이라는 뜻인 걸 알면 이해하기 쉬울 거예요.

쌤Talk! 설치할 프로그램이 많다고요? 그렇지 않아요. 코드 커넥션을 설치하면 메이크코드는 따로 설치할 필요가 없어요. 코드 커넥션을 통해 바로 메이크코드에 연결할 수 있어요.

01 코드 커넥션(Code Connection for Minecraft)은 마이크로소프트 스토어(Microsoft Store)에서 무료로 다운받을 수 있어요. 작업표시줄의 검색 아이콘을 누르고 **Microsoft Store**를 검색해서 실행해 주세요.

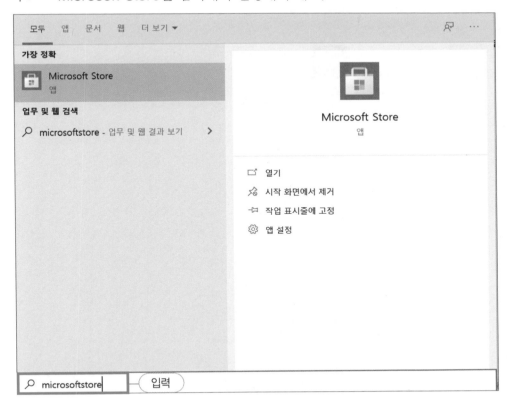

02 마이크로소프트 스토어(Microsoft Store)에서 Code Connection for Minecraft(코드 커넥션)이라고 검색한 뒤 설치해 주세요.

03 다음과 같이 코드 커넥션(Code Connection for Minecraft)이 설치된 것을 확인할 수 있습니다.

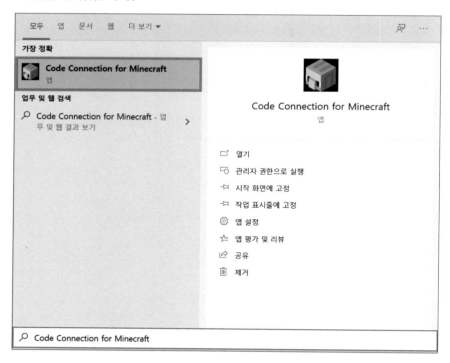

마인크래프트와 메이크코드를 연결해요

01 마인크래프트를 실행하고 **플레이 → 새로 만들기 → 새 월드 만들기** 버튼을 눌러 월드를 만들어요.

02 새 월드 만들기를 하면 기본 게임 모드, 난이도, 플레이어 신뢰 권한, 월드 유형을 선택할 수 있어요. 기본 게임 모드를 **서바이벌**, 난이도를 **보통**, 플레이어 신뢰 권한을 **운영자**, 월드 유형을 **무한맵**으로 설정하고 **만들기** 버튼을 누르세요. 플레이어 신뢰 권한을 '운영자'로 설정하면 마인크래프트 게임 안에서 치트 키를 쓸 수 있어요. 따라서 엑스박스(xbox)의 '도전 과제를 끄시겠습니까?'라는 메시지가 뜰 거예요. 이 책에서는 도전 과제를 해결하지 않을 것이므로 **계속하기** 버튼을 눌러 주세요.

쌤Talk! 기본 게임 모드, 난이도, 월드 유형은 이후 활동에 따라 다르게 설정하지만 플레이어 신뢰 권한은 꼭 운영자로 설정해야 해요. 그래야 메이크코드를 실행할 수 있다는 점을 기억하세요.

**잠깐
만요**

플레이어 신뢰 권한이 뭐예요?

말 그대로 마인크래프트 월드에서 활동할 수 있는 권한이에요. 방문자 권한은 마인크래프트 월드를 탐험만 할 수 있고 수정할 수는 없답니다. 멤버 권한은 마인크래프트 월드를 자유롭게 수정할 수 있지만 치트 키 등을 사용할 수 없고요. 운영자 권한은 마인크래프트 월드를 수정할 수도 있고 치트 키도 자유롭게 사용할 수 있어요.

메이크코드를 연결하려면 치트 키가 꼭 활성화되어 있어야 해요. 그래서 운영자 권한으로 지정하는 거예요. 마인크래프트 교육용 에디션에서는 플레이어 신뢰 권한이라는 설정이 아예 없어요. 따라서 치트 활성화 설정만 켜 두면 된답니다.

03 임의의 월드가 만들어졌네요. 돌아다니면서 넓은 평지를 찾아보세요.

쌤Talk! 마인크래프트는 시드라는 설정을 통해 특정한 월드를 선택할 수 있어요. 예를 들어 오아시스, 사바나 섬, 정글 사원 등을 선택할 수 있어요. 하지만 **02**처럼 아무런 시드를 입력하지 않은 채로 만들기 버튼을 누르면 임의의 월드가 만들어져요. 이 책에서는 특정한 월드가 필요하지 않으므로 임의의 월드를 만들었어요.

쌤Talk! 마인크래프트가 처음인 사람은 48쪽의 조작법을 읽어보세요.

04 이제 메이크코드를 연결할 차례예요. 키보드에 있는 ESC 를 눌러 잠시 마인크래프트를 멈추세요.

05 앞에서 실행한 코드 커넥션 창을 보면 연결 주소가 보일 거예요. 연결 주소 옆에 있는 **복사** 버튼을 눌러 주소를 복사해 주세요.

쌤Talk! 코드 커넥션 창을 실행하지 않은 사람은 26쪽을 다시 보고 실행하세요.

06 다시 마인크래프트로 돌아와 **게임 계속하기** 버튼을 누르세요.

07 이제 Enter를 눌러 채팅 창을 켜요. 다음으로 Ctrl+V를 눌러 **05**에서 복사한 주소를 붙이고 다시 Enter를 눌러요.

08 연결이 완성되면 채팅 창에 '연결되었습니다'라는 글자가 뜰 거예요. 나만의 에이전트(Agent)가 보이면 연결에 성공한 거랍니다. 짝짝짝!

쌤Talk! 에이전트란 마인크래프트 월드에서 여러분의 건축, 채집, 광물 모으기 등을 도와주는 친구예요. 에이전트를 사용하려면 메이크코드를 활용한 코딩이 필요한데, 자세한 내용은 88쪽에서 다시 배우도록 해요.

09 다시 코드 커넥션 창으로 돌아가 메이크코드를 연결해 볼까요? ESC를 눌러 마인크래프트를 잠시 멈추고 Alt+Tab을 눌러 코드 커넥션 창으로 돌아가세요. 코드 커넥션 창에서 **메이크코드(MakeCode)** 버튼을 눌러 주세요.

❶ ESC
❷ Alt + Tab

쌤Talk! 코드 커넥션 연결이 계속해서 안 될 때는 마인크래프트를 완전히 삭제한 뒤 다시 설치하고 연결을 시도해 보세요. 마인크래프트가 업데이트될 때 종종 이런 문제가 발생한답니다. 마인크래프트를 삭제하기 전에 월드를 백업하는 것도 잊지 마세요.

10 드디어 메이크코드라는 코딩 도구에 접속할 수 있게 되었어요. **새 프로젝트**를 누르면 블록 코딩을 할 수 있는 프로그램이 열려요.

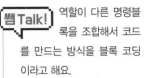

쌤Talk! 역할이 다른 명령블록을 조합해서 코드를 만드는 방식을 블록 코딩이라고 해요.

11 설치를 모두 마쳤어요. 혹시 제대로 설치되지 않은 사람이 있나요? 그럴 때는 실망하지 말고 처음부터 다시 보면서 천천히 따라해 보세요.

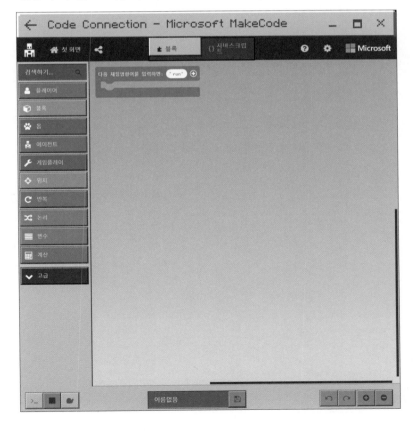

메이크코드는 어떻게 사용하나요?

 병만이

아휴~ 선생님, 메이크코드는 또 뭔가요?

병만이가 만든 코드를 마인크래프트 월드에 적용할 수 있게 해 주는 코딩 도구야.

 신상샘

 병만이

그래요? 그럼 메이크코드가 뭔지 알아야 코딩을 해서
마인크래프트 월드에서 실행할 수 있는 건가요?

그렇지! 메이크코드로는 학교에서 배우는 블록 코딩뿐만 아니라 자바스크립트라는
텍스트 형 코딩도 배울 수 있어서 병만이가 원하는 방법으로 코드를 만들 수 있어.

 신상샘

 병만이

우와! 그렇군요. 그런데 이거 어떻게 사용하는 건지 모르겠어요.

병만이가 배운 다른 코딩 도구와 크게 다르지 않을 거야.
선생님이 차근차근 알려 줄 테니 잘 따라와 보렴.

 신상샘

메이크 코딩 도구에 접속하면 처음으로 보게 될 화면이에요. 메이크코드에는 어떤 메뉴가 있는지 잠깐 둘러볼까요? 대충 둘러봤다면 **새 프로젝트**를 눌러 다음으로 넘어가 볼게요.

새 **프로젝트**를 누르면 나타나는 화면이에요. 왼쪽에는 명령블록 목록이 보여요. 가운데 하늘색 부분은 코드를 직접 만들 수 있는 공간이에요. 나머지 위, 아래, 오른쪽에 보이는 아이콘과 메뉴는 코드를 만들면서 쓸 수 있는 기능과 설정이에요.

메이크코드 첫 화면으로 돌아가기

블록 코딩과 텍스트 코딩 중 선택하기

설정 열기

프로젝트 이름 바꾸기

현재 열려 있는 프로젝트 삭제하기

한국어를 선택

명령블록 모음

고급 명령블록

코드 실행하기
실행 중이 아닐 때(초록색 버튼)는 코드가 실행되지 않아요.

프로젝트 저장하기
저장한 프로젝트를 불러오려면 첫 화면에서 가져오기를 눌러요.

실행 취소/되돌리기
코드를 되돌리거나 되돌린 코드를 되살릴 수 있어요.

메이크코드 기본 사용법 익히기

▇ 명령블록을 놓고 삭제하고 복사하기

메이크코드에서는 다양한 명령블록을 조합하여 코드를 만들 수 있어요. 먼저 명령블록을 놓고 삭제하고 복사하는 방법을 알아볼게요.

원하는 명령블록을 마우스로 끌어다 하늘색 부분에 놓아 보세요. 같은 방법으로 원하는 명령블록을 한 번 더 끌어다 놓아 보세요.

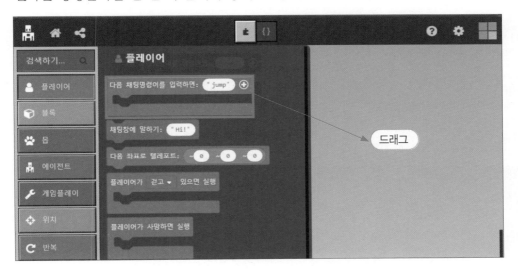

끌어다 놓은 명령블록을 삭제해 볼게요. 하늘색 공간에 놓인 명령블록을 마우스 오른쪽 버튼으로 누르고 **블록 삭제**를 눌러 주세요. 명령블록이 사라질 거예요.

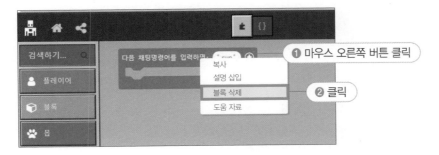

이번에는 명령블록을 복사해 볼게요. 복사하려는 명령블록을 마우스 오른쪽 버튼으로 누르고 **복사**를 눌러 주세요. 똑같은 명령 블록이 나타날 거예요.

🟫 실행 취소와 되돌리기

혹시 키보드를 잘못 눌러 열심히 만든 명령블록이 지워져 버렸나요? 걱정하지 마세요. 메이크코드에는 실행 취소와 되돌리기 기능이 있답니다. 화면 오른쪽 아래에 있는 **실행 취소(🔄)** 버튼을 눌러 보세요.

실수로 지운 명령블록이 나타날 거예요.

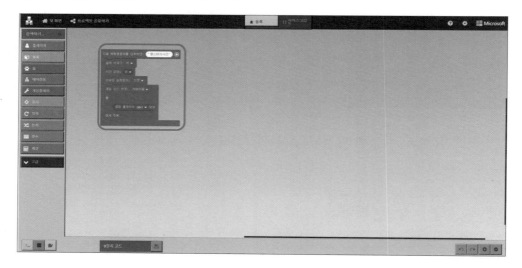

다시 삭제하고 싶다면 실행 취소 버튼 옆에 있는 **되돌리기(🔄)** 버튼을 눌러 주세요

⚒ 코드를 중지시키거나 천천히 실행시키기

마인크래프트 월드에서 내가 만든 코드를 실행하다 보면 코드를 강제로 중지시키거나 천천히 실행시키고 싶을 때가 있을 거예요. 이럴 때는 왼쪽 아래에 보이는 버튼을 사용하면 돼요.

쌤Talk! 코드를 잘 작성했는데도 통신 오류가 생겨 작성한 대로 실행되지 않을 수 있어요. 이럴 때는 여기 나온 방법으로 코드를 중단했다가 다시 실행해 보세요.

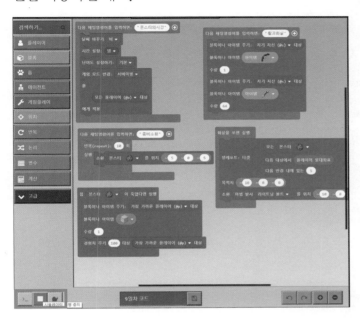

왼쪽 아래 있는 **정지(■)** 버튼을 누르면 버튼이 초록색 실행 모양(▶)으로 바뀌면서 코드 실행을 멈춰요. 이 상태에서는 마인크래프트 월드에서 내가 만든 코드를 아무리 사용해도 실행되지 않아요.

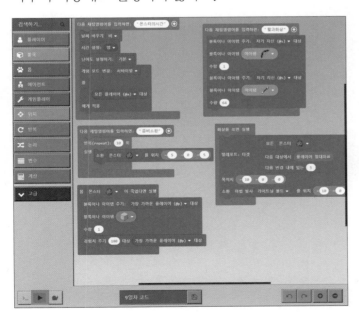

정지된 코드를 다시 실행하려면 초록색으로 바뀐 **실행(▶)** 버튼을 다시 눌러 주세요.

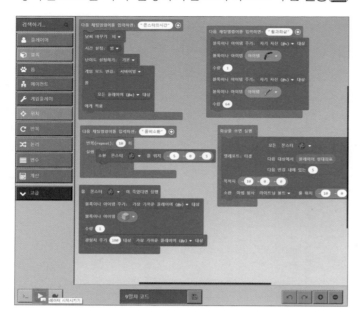

버튼이 빨간색으로 바뀌어야 내가 만든 코드가 실행되고 있는 거랍니다.

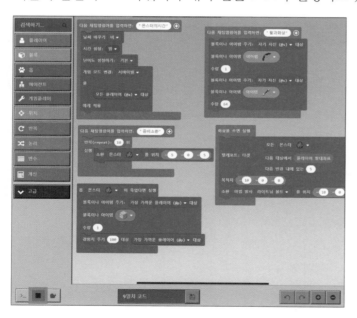

실행 버튼 옆에 있는 달팽이 모양 버튼은 **천천히 실행(📷)** 버튼이에요. 이 버튼을 누르면 내가 만든 코드를 천천히 실행할 수 있어요. **천천히 실행(📷)** 버튼을 누르면 버튼이 주황색으로 바뀌고 내가 만든 코드가 아주 천천히 실행될 거예요.

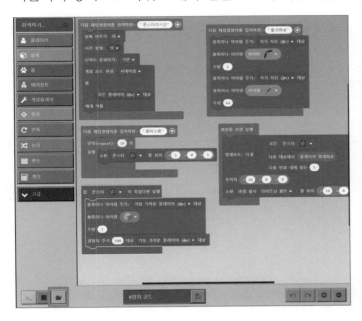

마인크래프트랑 친해지기

 신상샘: 병만아, 마인크래프트 잘할 수 있니?

당연하죠. 저는 엔더월드까지 다녀온 걸요! **병만이**

 신상샘: 그래? 그럼 선생님이 퀴즈 하나 낼까? 활로 화살을 발사하는 방법을 아니?

당연하죠. 활과 화살을 가진 상태에서 마우스 오른쪽 버튼을 길게 눌렀다가 떼면 돼요. **병만이**

 신상샘: 그럼 더 어려운 퀴즈! 마인크래프트 월드에 있는 늑대가 먹는 고기는 무엇일까?

앗? 늑대는 키워 본 적이 없는데…. **병만이**

소와 양은 밀을 먹고, 닭은 씨앗을 먹고, 토끼는 당근을 먹는데 늑대는 도대체 뭘 먹죠?

 신상샘: 늑대는 모든 고기를 다 먹는단다.

특정한 고기만 먹는 줄 알았는데 아니군요. 그런데 선생님! 그건 어떻게 아셨어요? **병만이**

 신상샘: 마인크래프트 설명에 가면 마인크래프트 월드에서 생존하기 위한 방법이 다 나와 있지. 하하!

앗, 진작 알았으면 괜히 고생하지 않았을 텐데…. **병만이**

마인크래프트 메뉴를 익혀 보아요

3장은 마인크래프트를 어떻게 조작하는지 모르는 독자를 위한 활동이에요. 마인크래프트 게임을 능숙하게 다룰 수 있는 독자라면 4장으로 넘어가도 괜찮아요.

▨ 기본 메뉴 둘러보기

마인크래프트를 실행하면 다음과 같은 화면이 나타날 거예요. 각 버튼이 어떤 기능을 하는지 둘러본 다음 **플레이** 버튼을 눌러 보세요.

> **쌤Talk!** 버전이 다르면 여러 사람이 함께 플레이(멀티플레이)할 때 서로 만날 수 없답니다.

- 새로운 게임 시작하기 → 플레이
- 도전 과제
- 설정 바꾸기 → 설정 / 상점 (New)
- 로그인
- Steve
- 게임 속 내 이름과 모습
- 내 모습 바꾸기
- 마인크래프트 버전 (v1.4.2)

플레이 버튼을 누르면 다음과 같은 화면이 나타날 거예요. 1장 **활동** 03에서 우리가
처음 만든 월드가 저장되어 있어요. 내 **월드**를 눌러 볼까요?

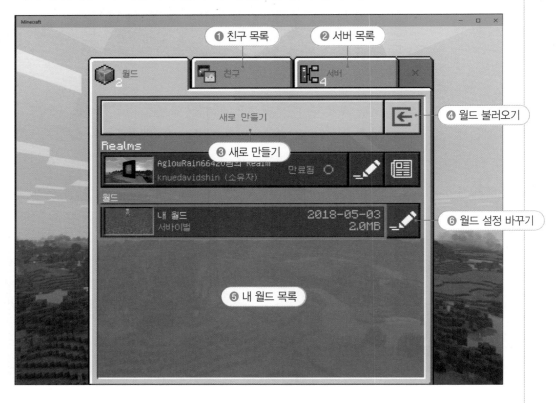

❶ **친구 목록** 같은 인터넷 환경에 있는 친구와 플레이할 수 있어요.

❷ **서버 목록** 다른 사람이 만든 서버에 들어가 플레이할 수 있어요.

❸ **새로 만들기** 새로운 월드를 만들어요.

❹ **월드 불러오기** 파일로 저장된 월드를 불러와요.

❺ **내 월드 목록** 내가 만든 월드가 저장돼요. 원하는 월드를 선택해서 불러올 수
있어요.

❻ **월드 설정 바꾸기** 월드의 모드나 난이도와 같은 설정을 편집할 수 있는 화면으
로 넘어가요.

내 월드를 눌렀을 때 보이는 게임 화면이에요.

❶ **십자 표시 선** 특정 블록을 캐고 싶다면 십자 표시 선을 캐고 싶은 블록에 위치시킨 후에 캐야 해요. 특정 아이템을 놓을 때도 십자 표시 선을 그 위치에 맞춘 다음 놓아야 하고요.

❷ **내 체력** 체력이 다 떨어지면 죽어요. 공격을 받지 않으면 회복해요.

❸ **배고픔 수치** 배고픔이 다 떨어지면 체력이 깎이기 시작해요. 고기를 먹어 배고픔을 채울 수 있어요.

❹ **경험치 막대** 월드 안에서 몹을 잡거나 하는 특정 행동을 하면 경험치가 올라가요. 경험치가 꽉 차면 레벨이 올라가요.

❺ **핫 바** 현재 사용 가능한 블록을 놓는 칸이에요. 마우스 휠을 돌리면 손에 드는 블록이 바뀌어요.

🅷 도움말 보기

마인크래프트가 제공하는 도움말만 잘 읽어도 마인크래프트 월드에서 충분히 살아갈 수 있어요. 도움말이 어디 있었는지 기억하나요? 마인크래프트 첫 화면에서 **설정** 버튼을 눌러 보세요.

왼쪽 메뉴에서 **게임 방법**을 누르면 유용한 도움말을 볼 수 있어요.

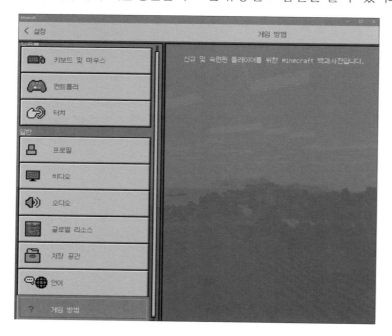

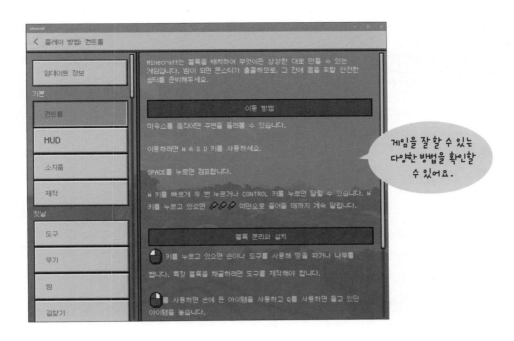

게임을 잘 할 수 있는 다양한 방법을 확인할 수 있어요.

게임 안에서도 도움말을 볼 수 있어요. 마인크래프트 월드 안에서 ESC를 누르고 **게임 방법** 버튼을 누르면 여러 가지 유용한 도움말을 볼 수 있어요.

도움말이 궁금할 땐 언제라도 ESC를 누르고 게임 방법을 확인해 보세요.

마인크래프트를 조작해 봐요

마인크래프트는 기본으로 키보드와 마우스로 조작해요. 한눈에 들어오도록 그림으로 정리해 놓았으니 보고 연습해 보세요.

쌤Talk! 특정한 키는 상황에 따라 바뀌기도 해요. 예를 들어 Shift와 Space는 평소에는 각각 엎드리기와 점프를 할 때 사용해요. 하지만 크리에이티브 모드에서는 Space를 더블클릭하면 날 수 있어요. 나는 도중에 Shift를 누르면 플레이어가 내려가고, Space를 누르면 플레이어가 올라가요.

메뉴 열기/닫기

슬롯, 포인터 보이기/감추기

1~3인칭 시점 변화

핫 바 아이템 선택 키 1~9번까지

엎드리기(평소) 내려가기(날고 있을 때)

점프(평소) 날기(더블 클릭) 올라가기(날고 있을 때)

채팅 창 열기

앞으로 이동 (연속 누르면 달리기)

아이템 버리기

소지품 보기

왼쪽으로 이동

뒤로 이동

오른쪽으로 이동

왼쪽 버튼 클릭 블록 파괴하기, 공격하기

오른쪽 버튼 클릭 블록 놓기, 아이템 사용하기

마우스 휠 돌리기 핫 바의 아이템 바꾸기

마우스 휠 움직임 시선 이동

마인크래프트 월드를 탐험하다 궁금한 내용이 생기거나 조작할 키가 생각나지 않을 때는 ESC를 누르면 나타나는 화면에서 **게임 방법**을 눌러 도움말을 확인해 보세요. 여러분이 마인크래프트 월드에서 살아가는 데 필요한 모든 것이 잘 나와 있답니다!

⬛ 소지품을 확인하는 방법

E를 누르면 소지품을 볼 수 있어요.

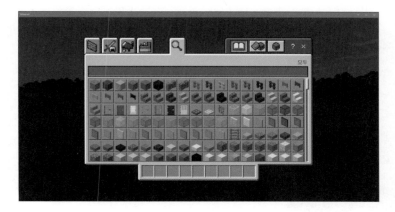

필요한 아이템을 찾고 싶다면 검색을 이용할 수 있어요.

게임 모드에 따라 소지품 창이 뜨지 않을 수도 있어요. 이럴 때 소지품을 확인하는
방법에는 세 가지가 있어요. 첫 번째는 백과사전에서 확인하는 방법이에요. 마인
크래프트 월드에 있는 모든 아이템을 찾을 수 있어요. 단, 이 방법은 크리에이티
브 모드에서만 사용할 수 있어요.

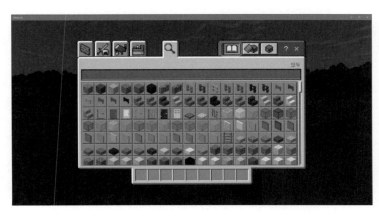

두 번째는 인벤토리와 백과사전을 같이 보면서 확인하는 방법이에요. 왼쪽에는 마인크래프트 월드에 존재하는 아이템이 표시되고 오른쪽에는 현재 내가 소유한 아이템이 표시돼요.

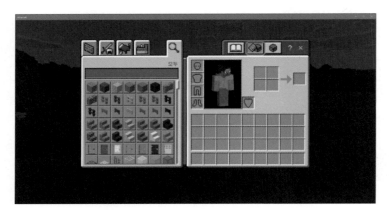

세 번째는 인벤토리에서 확인하는 방법이에요. 현재 내가 소유한 아이템만 표시돼요.

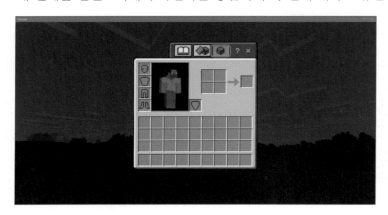

세 가지 방법 중 보기 편한 방법을 설정하면 돼요. 마인크래프트 월드를 탐험하는 데 도움이 될 거예요.

마인크래프트 코딩하기

기본편

드디어 마인크래프트 월드를 탐험할 준비를 마쳤어요. 플레이어가 마인크래프트 월드에서 특별히 어떤 일을 꼭 해야만 하는 건 아니에요. 플레이어는 자신이 하고 싶은 것을 자유롭게 아무런 제한 없이 할 수 있어요. 특히 메이크코드를 이용하면 마인크래프트 월드에서 상상하는 모든 것을 만들어 낼 수 있지요. 멋지지 않나요?

여기가 어디지?

배우는 것 좌표 이용하기 **사용 블록** 플레이어, 문자열 **활동 내용** 채팅 명령어 만들기, 채팅 창에 말하기, 텔레포트, 블록 놓기 **게임 환경** 크리에이티브 모드, 무한맵

학습목표

마인크래프트 월드의 좌표를 이해하고 원하는 위치에 블록을 놓을 수 있다.

 신상샘

내가 만든 코드를 마인크래프트 월드에 적용하려면 뭐가 제일 중요할까?

글쎄요. 생존 능력? 코딩 실력? 그것도 아니면 아이템을 다루는 능력일까요? 병만이

 신상샘

물론 그런 것도 중요한 능력이지. 하지만 제일 중요한 건 좌표야!

좌표요? 그게 뭔데요? 신문에서 많이 들어 본 것 같긴 한데⋯. 병만이

01 내가 있는 위치를 말해 봐요

마인크래프트 월드에서 생활하려면 내가 있는 곳이 어디인지 기억해야 해요. 내가 집을 지어 둔 위치나 광물이 많은 광산 위치를 채팅 창에 써 두면 잊어버리지 않겠죠?

쌤Talk! 1장에서 코드 커넥션을 사용해서 마인크래프트와 메이크코드를 연결했던 걸 기억하나요? 지금부터 하는 **활동**은 모두 코드 커넥션을 켜는 것부터 시작해요. 코드 커넥션을 열고 새 **프로젝트**를 만들어 주세요. 코드 커넥션 연결 방법이 기억나지 않는다면 1장 **활동 03**(27쪽)을 복습하고 오세요.

01 🧍플레이어 에서 다음 채팅 명령어를 입력하면 을 끌어온 뒤 jump를 클릭하고 **현재위치**를 입력해 주세요.

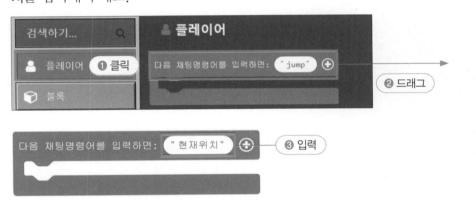

02 🧍플레이어 에서 채팅 창에 말하기 를 끌어와 다음 채팅 명령어를 입력하면 안쪽에 연결해 주세요.

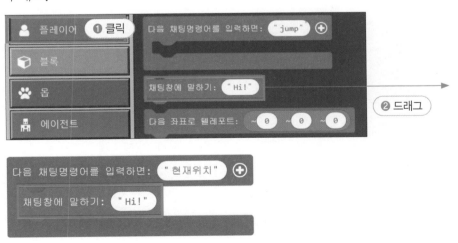

03 **T** 문자열 에서 문자열 연결 "Hello" "World" 를 끌어와 Hi! 자리에 넣어 주세요.

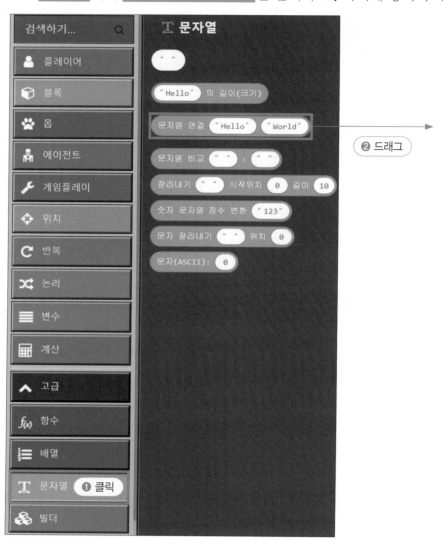

04 문자열 연결 의 World를 클릭하고 **입니다.**를 입력해 주세요.

05  플레이어 에서 플레이어 절대좌표 를 끌어와 Hello 자리에 넣어 주세요.

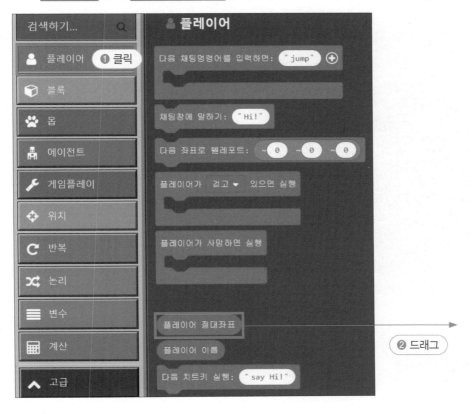

06 Alt + Tab 을 눌러 메이크코드에서 마인크래프트로 전환하세요.

07 [Enter]를 눌러 채팅 창을 열고 채팅 창에 **현재위치**를 입력하세요.

08 실행 결과를 확인해 보세요.

```
<knuedavidshin> 현재위치
[knuedavidshin] 현재 위치는54 75 -19입니다.
```

잠깐
만요

54 75 -19가 무슨 뜻인가요?

마인크래프트 월드에서 좌표는 숫자 세 개로 표시해요. 이 숫자는 각각 X좌표, Y좌표, Z좌표라고 부르고, 이렇게 구성된 좌표를 '절대 좌표'라고 해요.

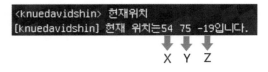

다음 그림과 같이 마인크래프트에서 X좌표는 동서 방향, Y좌표는 위아래 방향, Z좌표는 남북 방향을 뜻해요. 여기서 동쪽/위쪽/남쪽은 +로 표시하고, 서쪽/아래쪽/북쪽은 -로 표시해요.

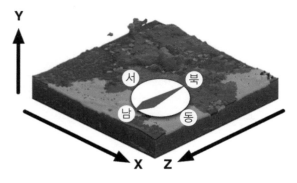

09 실행 결과를 확인했나요? 우리가 코딩한 결과를 마인크래프트 월드에서 확인하니 기분이 어떤가요? 다시 코드를 수정하고 싶다면 Alt + Tab 을 눌러 마인크래프트에서 메이크코드로 전환한 다음 수정하세요.

10 이처럼 메이크코드에서 여러 블록을 연결하는 것을 '코딩'이라고 하고, 그 결과로 만들어진 블록을 '코드'라고 불러요. 참 쉽죠?

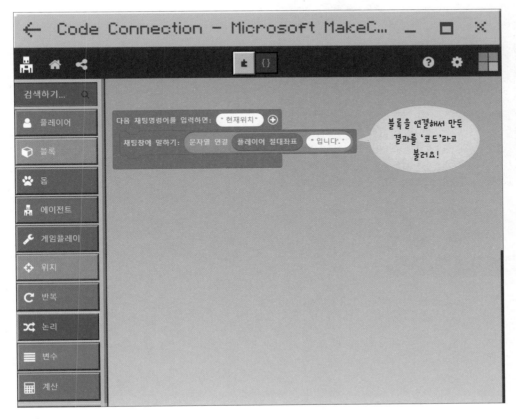

순간 이동을 할 수 있어요

이처럼 좌표를 이용하면 내가 있는 위치를 확인할 수 있어요. 그런데 좌표를 이용해서 위치를 옮길 수도 있을까요? 가려는 위치가 너무 멀면 뛰어가도 한참 걸려 힘들겠죠? 그럴 때는 순간 이동을 할 수 있어요. 뿅!

01 순간 이동을 하는 새로운 코드를 만들어 볼게요. 플레이어 에서 다음 채팅 명령어를 입력하면 을 끌어온 뒤 jump를 클릭하고 **순간이동**을 입력해 주세요.

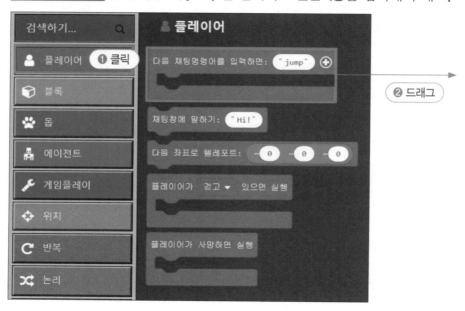

쌤Talk! 메이크코드에서 '새 프로젝트'를 만들지 않고 **활동 01**에서 만든 프로젝트에 계속 이어서 코딩을 해도 돼요. 그러면 **활동 01**에서 만든 코드는 지워야 할까요? 아니에요. 지우지 않고 마우스로 끌어서 잠시 옆으로 치우고 **활동 02**의 코드를 새롭게 만들면 돼요.

02 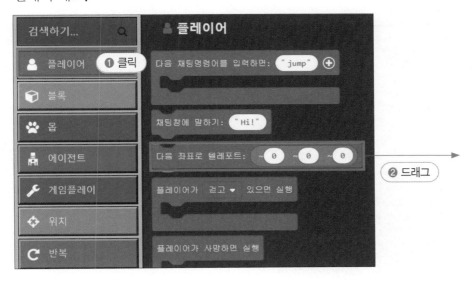플레이어 에서 다음 좌표로 텔레포트 를 끌어와 다음 채팅 명령어를 입력하면 안쪽에 연결해 주세요.

03 위치 에서 월드000 을 끌어와 ~0 ~0 ~0 자리에 넣어 주세요.

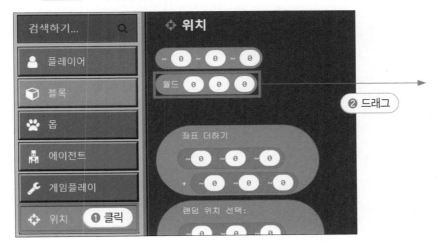

04 0 0 0을 가려고 하는 좌표인 **54 75 −19**로 바꿔 주세요.

05 Enter를 누르고 채팅 창에 **순간이동**을 입력한 다음 실행 결과를 확인해 보세요. 우와! 순간 이동하는 데 성공했네요!

쌤Talk! 어! 그런데 순간 이동을 한 좌표가 여러분이 입력한 좌표와 조금 달라 보이네요. 분명 54 75 −19를 입력했는데 채팅 창에는 54.50 75.00 −18.50과 같이 소수점 이하 자리까지 나타나네요. 왜 그런 걸까요? 이것은 표시 방법의 오류 때문이에요. 여러분이 입력한 대로 순간 이동을 한 것은 맞으므로 걱정하지 않아도 된답니다.

블록을 놓아요

지금까지 좌표를 사용해서 내가 원하는 위치를 쉽게 기억하고, 원하는 위치로 순간 이동도 해 보았어요. 마인크래프트 월드에서는 좌표를 사용하는 명령블록이 꽤 많아요. 대표적으로 블록을 놓을 때도 좌표를 사용하지요. 그럼 이번에는 좌표를 이용해서 블록을 놓는 방법을 알아볼까요?

01 ▲플레이어 에서 다음 채팅 명령어를 입력하면 을 끌어온 뒤 jump를 블록놓기로 바꿔 주세요.

02 블록에서 에놓기를 끌어와 다음 채팅 명령어를 입력하면 안쪽에 연결해 주세요.

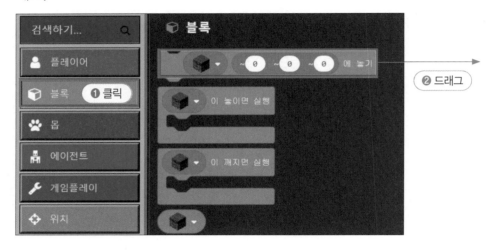

03 에놓기 의 에서 ▽를 누르고 블록 재료를 참나무 목재인 로 바꿔 주세요.

쌤Talk! 가 보이지 않으면 검색 창에 참나무 목재를 입력하고 Enter를 누르면 쉽게 찾을 수 있어요.

04 눈앞에 목재를 놓아야 하므로 ～0 ～0 ～0을 ～1 ～0 ～1로 바꿔 주세요.

05 Enter를 누르고 채팅 창에 **블록놓기**를 입력한 다음 실행 결과를 확인해 보세요.

참나무 목재가
놓였어요.

**잠깐
만요** | **마인크래프트에서 좌표의 종류**

마인크래프트 월드에서는 두 가지 좌표를 써요. 바로 '절대 좌표'와 '상대 좌표'예요. 절대 좌표는
마인크래프트 월드에서 정해진 좌표로 내가 어느 위치로 가든 변하지 않는 좌표예요. 메이크코
드에서 절대 좌표는 월드 0 0 0 으로 나타나요. 상대 좌표는 나를 기준으로 하는 좌표예요. 따라
서 내 위치가 변하면 좌표도 함께 변해요. 마인크래프트에서는 상대 좌표와 절대 좌표를 구분하
기 위해 상대 좌표를 표시할 때는 항상 물결(~) 모양을 쓰도록 약속했어요. 따라서 메이크코드
에서 상대 좌표는 0 ~ 0 ~ 0 으로 나타나요.

절대 좌표   상대 좌표

두 좌표의 개념을 좀 더 쉽게 이해할 수 있도록 예를 들어 볼게요. 병만이는 서울시 마포구 월
드컵로 10길 56 길벗아파트 404호에 살아요. 병만이 친구인 지후는 같은 아파트 504호에 살고
요. 지후가 병만이 집 주소를 말할 때는 "병만이는 서울시 마포구 월드컵로 10길 56 길벗아파트
404호에 살아요"라고 말할 수도 있지만 "병만이는 우리 집 바로 아래 층에 살아요"라고 말할 수
도 있을 거예요. 하지만 지후가 다른 곳으로 이사를 간다면 지후는 더 이상 "병만이는 우리 집
바로 아래 층에 살아요"라고 말할 수 없겠죠?
여기서 병만이 집 주소는 대한민국 안에서 정해진 '절대 좌표'예요. 또 나를 기준으로 위치를 설
명하는 좌표는 '상대 좌표'예요. 병만이 집의 '절대 좌표'는 내가 어디로 가든 변하지 않지만, 병
만이 집의 '상대 좌표'는 내가 어디에 있는지에 따라 바뀌니 주의해야 해요. 그리고 마인크래프
트에서 좌표 1의 거리는 블록 타일 크기 한 개만큼을 의미해요.

CHAPTER 05

꽃밭을 만들자

배우는 것 블록을 놓는 여러 가지 방법 **사용 블록** 플레이어, 블록 **활동 내용** 여러 모양의 꽃밭 만들기
게임 환경 서바이벌 모드, 무한맵

학습목표

블록 놓기를 이용하여 집 주변에 꽃밭을 만들 수 있다.

 병만이: 선생님! 제가 집을 지은 곳의 좌표를 기억해 뒀어요. 이제 좌표만 기억하면 어디서든 집을 찾아갈 수 있어요.

그렇지. 그런데 집만 덩그러니 있으니 뭔가 허전해 보이지 않니? 주변에 뭔가 심으면 어떨까? 신상샘

 병만이: 좋아요! 양귀비랑 난초를 한 그루씩 심어 봐야겠어요.

응? 그렇게 한 그루씩 심으면 오래 걸리지 않을까? 신상샘

활동 01 꽃길을 걸어요

원하는 곳에 꽃을 심는 방법을 배워 볼까요? 플레이어가 걸어가면 플레이어 주변에 꽃이 심어지도록 해 볼게요.

01 👤 플레이어 에서 플레이어가 걷고 있으면 실행 을 끌어와 주세요.

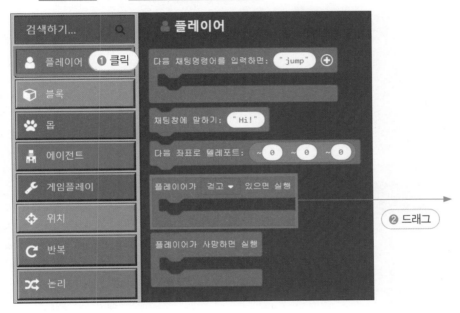

02 🎁 블록 에서 🎁▾ 에 놓기 를 끌어와 플레이어가 걷고 있으면 실행 안쪽에 연결해 주세요.

03 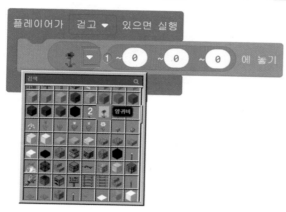 에 있는 을 양귀비인 로 바꿔 주세요.

쌤Talk! 가 보이지 않으면 검색 창에 양귀비를 입력하여 검색하면 쉽게 찾을 수 있어요.

04  에서 위치 ~0 ~0 ~0을 ~5 ~0 ~0으로 바꿔 주세요.

쌤Talk! 물결 모양이 상대 좌표를 표시한다고 했던 걸 기억하나요? 상대 좌표를 사용했으므로 내 움직임에 따라 양귀비꽃이 심어져요. 상대 좌표를 ~5 ~0 ~0 으로 정했으므로 나를 기준으로 X좌표의 동쪽 방향으로 다섯 블록 떨어진 곳에 양귀비 꽃이 심어질 거예요.

05 를 마우스 오른쪽 버튼으로 누르고 **복사**를 선택하세요. 똑같은 블록이 나타나면 바로 아래로 끌어와 연결해 주세요.

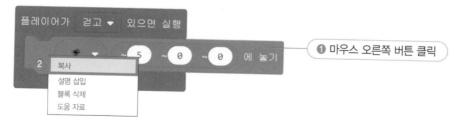

❶ 마우스 오른쪽 버튼 클릭

쌤Talk! 블록을 마우스 오른쪽 버튼으로 누르면 나타나는 복사, 설명 삽입, 블록 삭제, 도움 자료 기능을 선택하여 사용할 수 있어요.

06 두 번째 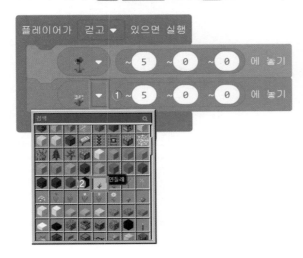에놓기 에서 를 민들레인 로 바꿔 주세요.

07 에놓기 에서 위치 ～5 ～0 ～0을 ～−5 ～0 ～0으로 바꿔 주세요.

08 마인크래프트 월드를 걸어 보세요. 지나간 길에 꽃길이 생길 거예요.

앞에서는 꽃길을 만들어 봤는데 네모난 모양으로 꽃밭을 만들려면 어떻게 해야 할까요? 플레이어가 직접 왔다 갔다 하면서 꽃을 심으면 꽃밭이 삐뚤삐뚤하겠죠? 이럴 때 쓸 수 있는 블록이 있답니다. 바로 네모난 모양으로 꽃을 심어 주는 블록 채우기 명령블록이에요. 블록 채우기 명령블록을 이용해 네모반듯한 꽃밭을 만들어 볼까요?

01 플레이어 에서 다음 채팅 명령어를 입력하면 을 끌어온 뒤 채팅 명령어를 꽃밭으로 바꿔 주세요.

02 블록 에서 블록 채우기 를 끌어와 다음 채팅 명령어를 입력하면 안쪽에 연결해 주세요.

쌤Talk! 블록 채우기 는 일정한 범위를 특정 블록으로 채울 때 쓰는 블록이에요.

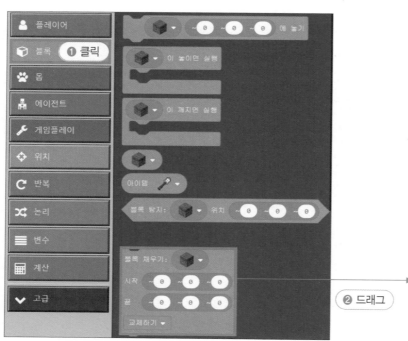

03 블록 채우기 의 (⬛ ▾)을 파란색 난초인 (🌿 ▾)로 바꿔 주세요.

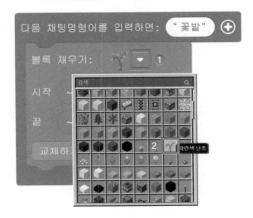

04 가로×세로 크기가 각각 10개 블록 크기인 정사각형 파란색 난초 꽃밭이 만들어지도록 시작과 끝의 좌표를 각각 ~1 ~0 ~1과 ~10 ~0 ~10으로 입력해 주세요.

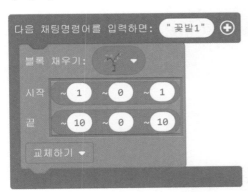

05 Enter를 누르고 채팅 창에 **꽃밭**을 입력하고 실행 결과를 확인해 보세요. 네모반 듯한 꽃밭이 만들어질 거예요.

잠깐
만요

꽃밭이 생기면서 건축물이 사라졌어요!

건축물이 서 있던 곳에 꽃밭을 만들면 꽃밭이 생기면서 건축물이 사라져요. 건축물을 살리고 싶 다면 교체하기가 아닌 유지하기를 선택해야 해요.

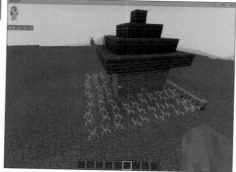

담이 사라지고 건물도 살짝 떠 있음

담도 건물도 그대로 있음

03 잘 만든 꽃밭을 복사해요

꽃밭을 만들고 보니 내 마음에 쏙 들어요. 이럴 때는 메이크코드를 이용해서 꽃밭을 다른 곳에 복사할 수 있어요. **활동** 02에서 만든 꽃밭을 복사해서 붙여 넣어 볼까요?

01 **활동** 02와 같은 방법으로 네모반듯한 파란색 난초 꽃밭 코드를 만들어 주세요.

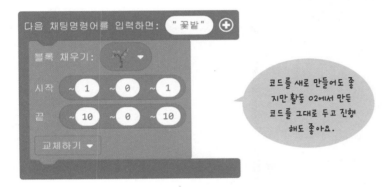

> 코드를 새로 만들어도 좋지만 활동 02에서 만든 코드를 그대로 두고 진행해도 좋아요.

02 플레이어 에서 다음 채팅 명령어를 입력하면 을 끌어온 뒤 채팅 명령어를 **꽃밭복사**로 바꿔 주세요.

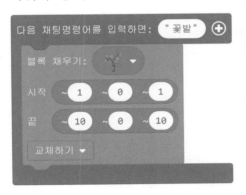

03 블록 에서 블록 복사하기 를 끌어와 다음 채팅 명령어를 입력하면 안쪽에 연결해 주세요.

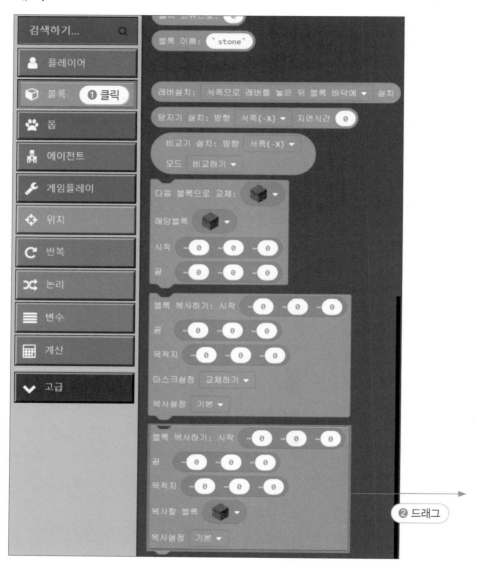

04 블록 복사하기 의 시작 위치를 ~1 ~0 ~1, 끝 위치를 ~10 ~0 ~10으로 바꿔 주세요.

쌤Talk! 복사하기 범위는 복사할 대상의 크기와 같거나 약간 크게 설정하는 게 좋아요. **활동 02**에서 만든 꽃밭의 크기는 가로와 세로가 각각 10블록씩이었어요. 그래서 복사하기 범위 역시 가로와 세로를 각각 10블록으로 정했답니다.

05 블록 복사하기 의 목적지 위치를 ~12 ~0 ~1로 바꿔 주세요.

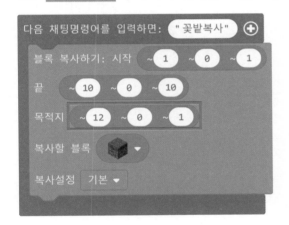

쌤Talk! 목적지 위치에는 꽃밭을 복사하고 싶은 위치의 좌표를 입력해요. 복사한 꽃밭 옆에 붙도록 12블록만큼 거리를 두었답니다.

06 블록 복사하기 의 복사할 블록을 파란색 난초인 ⬛로 바꿔 주세요.

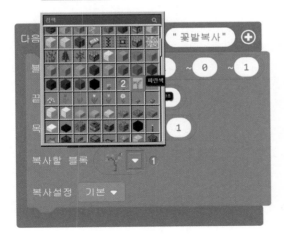

쌤Talk! 지금은 파란색 난초 꽃밭을 복사해야 하므로 복사할 블록으로 파란색 난초인 ⬛로 정했지만 원하는 블록을 자유롭게 정할 수도 있어요.

07 [Enter]를 누르고 채팅 창에 **꽃밭**과 **꽃밭복사**를 차례대로 입력하고 실행 결과를 확인해 보세요.

쌤Talk! 꽃밭 코드와 꽃밭복사 코드는 모두 상대 좌표를 사용했어요. 따라서 플레이어의 위치가 바뀌면 좌표가 바뀌기 때문에 원하는 위치에 복사되지 않을 수 있어요. 따라서 움직이지 말고 같은 위치에 선 채로 꽃밭 코드와 꽃밭복사 코드를 실행해야 해요.

(12, 0, 1) 위치에서 복사됨

농장을 만들자

배우는 것 동물 소환하기 **사용 블록** 플레이어, 몹, 반복, 위치 **활동 내용** 동물 소환, 동물이 죽었을 때, 고기 얻기
게임 환경 서바이벌 모드, 무한맵

> **학습목표**
> 여러 동물을 소환하고
> 직접 사냥하여 고기를
> 얻을 수 있다.

병만이
> 선생님. 집을 꾸미고 났더니 배가 고파요.

> 병만이가 열심히 일을 한 모양이네. 사실 배고플 만하지.

신상샘

병만이
> 네. 그런데 주변에 동물이 없어서 고기를 얻을 수가 없어요.

> 그럼 동물을 직접 소환해 볼까?

신상샘

병만이
> 네? 동물을 소환할 수도 있어요?

> 당연하지! 동물을 소환할 뿐만 아니라 구운 고기를 얻을 수도 있어.

신상샘

동물이 짠하고 나타나요

마인크래프트에는 배고픔이 있는데 배고픔이 모두 떨어지면 체력이 점점 깎여요. 마인크래프트 월드를 탐험하다 보면 다양한 동물을 만날 수 있는데, 이러한 동물을 잡아서 고기를 얻었다면 구워야 배를 채울 수 있어요. 동물을 얼른 잡고 싶겠지만 동물은 드문드문 있어서 찾기가 쉽지 않아요. 이럴 때는 메이크코드를 이용하여 동물을 손쉽게 불러올 수 있어요. 그럼, 동물을 소환해 볼까요?

01 👤 플레이어 에서 다음 채팅 명령어를 입력하면 을 끌어온 뒤 채팅 명령어를 **양소환**으로 바꿔 주세요.

02 🐾 몹 에서 소환 동물 을 끌어와 다음 채팅 명령어를 입력하면 안쪽에 연결해 주세요.

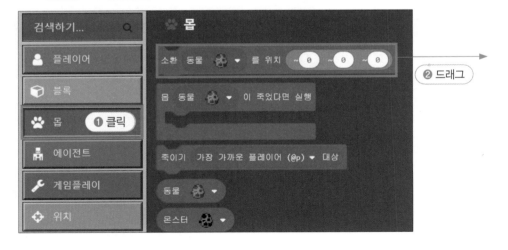

03 `소환 동물` 에서 동물을 양으로 바꿔 주세요.

04 `소환 동물` 의 위치를 ~5 ~5 ~5로 바꿔 주세요.

05 `C 반복` 에서 `반복 ~회` 를 끌어와 `다음 채팅 명령어를 입력하면` 안쪽에 연결해 주세요.

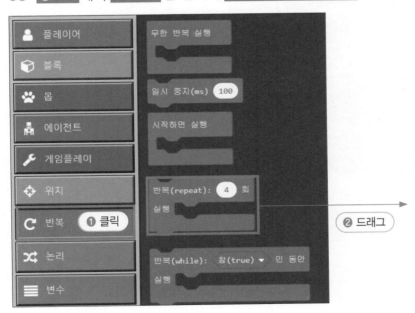

쌤Talk! 양 말고도 다양한 동물이 있어요. 원하는 동물을 자유롭게 소환할 수 있어요.

쌤Talk! 눈앞에서 동물이 소환되는 모습을 볼 수 있도록 ~5 ~5 ~5 위치에 소환했어요. 위치는 다른 값으로 바꿔도 괜찮아요. 다만 양과 같이 큰 동물은 너무 높은 위치에 소환하면 떨어져 죽을 수 있으니 주의해야 해요.

06 반복 ~회 의 반복 횟수를 10으로 바꿔 주세요.

쌤Talk! 반복 횟수에는 동물을 몇 마리 소환하고 싶은지 마릿수를 써넣으면 돼요.

07 Enter를 누르고 채팅 창에 **양소환**을 입력하고 실행 결과를 확인해 보세요. 양 열 마리가 하늘에서 떨어질 거예요.

동물이 계속 늘어나요

동물을 소환하는 다른 방법은 없을까요? 동물을 한 마리 사냥하면 두 마리가 새로 태어나는 건 어떨까요? 번뜩이는 아이디어를 머릿속이 아닌 실제로 실행할 수 있을까요? 자, 지금부터 실제로 코드를 만들어서 실행해 볼게요.

01 **활동 01**과 같은 방법으로 돼지를 소환하는 코드를 만들어 주세요.

돼지를 한 마리만 불러내는 코드예요.

02 바로 옆에 새로운 코드를 만들어 볼게요. 🐾몹 에서 몹이 죽었다면 실행 을 끌어 와 주세요.

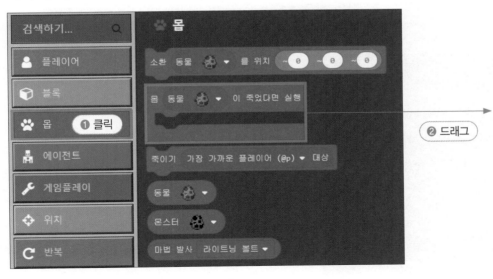

❷ 드래그

뺌Talk! **01**에서 만든 코드와 연결하지 말고 별개로 만들어야 해요. 즉, 돼지를 소환하는 코드 옆에 새 코드로 만드세요.

03 몹이 죽었다면 실행 에서 동물을 **돼지**로 바꿔 주세요.

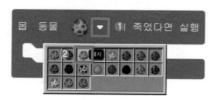

04 몹 에서 소환 동물 을 끌어와 몹이 죽었다면 실행 안쪽에 연결해 주세요.

05 소환 동물 에서 동물을 **돼지**로 바꿔 주세요.

쌤Talk! 돼지가 죽으면 다시 돼지가 나오도록 소환 동물을 돼지로 정했어요. 다른 동물이 나오도록 하려면 동물 종류를 바꿔 주세요.

06 위치 에서 랜덤 위치 선택 을 끌어와 위치 값인 ~0 ~0 ~0 자리에 넣어 주세요.

쌤Talk! 랜덤 위치 선택 을 사용하면 돼지가 정해진 위치가 아닌 임의의 위치에 소환돼요. 그래야 더 재미있겠죠?

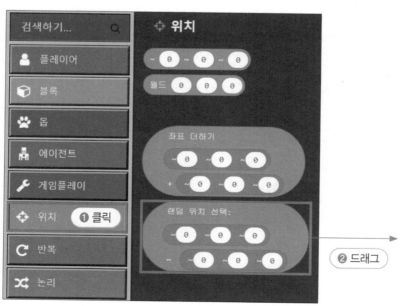

07 랜덤 위치 선택 에서 위치 값을 ~−2 ~0 ~−2 ~ ~2 ~0 ~2로 바꿔 주세요.

쌤Talk! 랜덤 위치 선택 은 주어진 위치 범위 안에서 임의의 위치를 선택한다는 뜻이에요. 위치를 **07**처럼 정하면 ~−2 ~0 ~−2부터 ~2 ~0 ~2까지 범위 중 어느 한 곳에 돼지가 소환돼요.

08 C 반복 에서 반복 ~회 를 끌어와 몹이 죽었다면 실행 안쪽에 연결해 주세요. 반복 ~회 의 반복 횟수를 2로 바꿔 주세요.

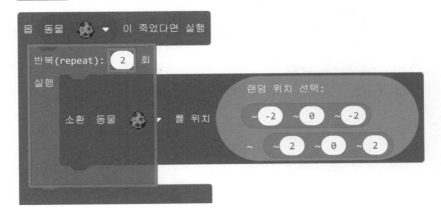

쌤Talk! 돼지 한 마리가 죽었을 때 돼지 여러 마리가 새로 소환되도록 C 반복 을 사용하는 거예요.

쌤Talk! 반복 횟수는 돼지 한 마리가 죽었을 때 새로 소환될 돼지의 마릿수예요. 마릿수가 크면 그만큼 돼지가 많이 생기겠죠?

09 Enter를 눌러 채팅 창에 **동물소환**을 입력하고 실행 결과를 확인해 보세요. 돼지가 소환되면 돼지를 사냥해 보세요.

고기를 만드는 가장 간단한 방법

이제 우리는 동물을 찾으러 다니지 않아도 돼요. 소환만 하면 뚝딱 나타나니까요. 그런데 고기를 얻으려면 한 마리씩 손으로 잡아야 하는데 자꾸 동물들이 도망쳐 잡기가 쉽지 않아요. 고기를 좀 더 쉽게 얻을 수는 없을까요? 우리 함께 닭고기를 쉽게 얻는 코드를 만들어 봐요.

01 **활동 01**과 같은 방법으로 양을 소환하는 코드를 만들어 주세요.

```
다음 채팅명령어를 입력하면:  "동물소환"  ⊕

반복(repeat):  10  회
실행     소환  동물  🐾  ▼   를 위치  ~5  ~5  ~5
```

02 바로 아래에 닭을 소환하는 코드를 연결해 주세요.

```
다음 채팅명령어를 입력하면:  "동물소환"  ⊕

반복(repeat):  10  회
실행     소환  동물  🐾  ▼   를 위치  ~5  ~5  ~5
         소환  동물  🐔  ▼   를 위치  ~0  ~0  ~0
```

03 소환되는 위치를 바꿔야 하므로 소환동물:닭 의 위치를 ~5 ~5 ~5로 바꿔
주세요.

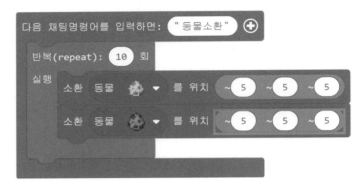

04 같은 방법으로 젖소와 토끼와 돼지를 소환하는 코드를 만들어 보세요.

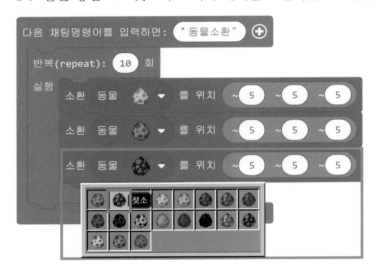

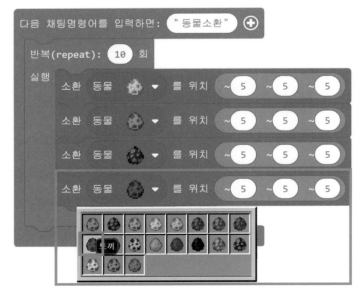

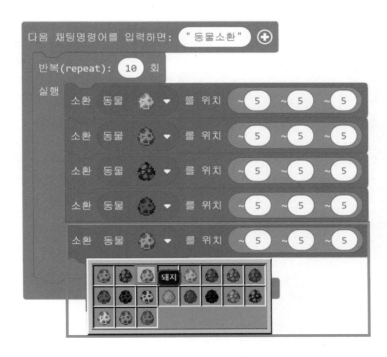

05 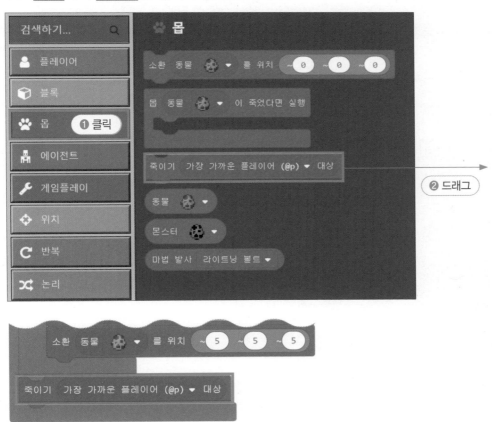 몹에서 죽이기 를 끌어와 연결해 주세요.

06 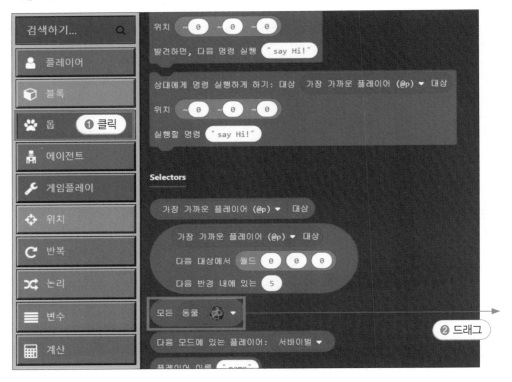 몹 에서 스크롤을 내리면 보이는 모든동물 을 끌어와 **가장 가까운 플레이어 대상** 자리에 넣어 주세요.

쌤Talk! 이렇게 하면 닭이 소환되는 동시에 죽기 때문에 닭고기로 바뀝니다. 다른 동물의 고기를 얻고 싶다면 죽이기 에 있는 동물을 닭이 아닌 원하는 고기의 동물로 바꾸면 되겠죠? 참, 마인크래프트 월드에서 고기로 바뀌는 동물은 양, 닭, 젖소, 토끼, 돼지뿐이에요.

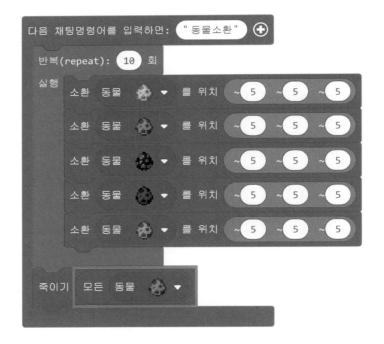

07 Enter를 누르고 채팅 창에 **동물소환**을 입력한 다음 실행 결과를 확인해 보세요. 여기저기에 동물들이 나타날 거예요. 정말 양, 닭, 젖소, 토끼, 돼지가 와글와글한 동물 농장이 되었네요. 닭은 죽어서 고기와 깃털을 남겼어요.

에이전트야 반가워!

배우는 것 에이전트 사용법 **사용 블록** 플레이어, 에이전트 **활동 내용** 에이전트 텔레포트, 이동, 블록 놓기,
블록 파괴 **게임 환경** 크리에이티브 모드, 평면맵

학습목표
에이전트의 기본 사용법을
알 수 있다.

상민샘 마인크래프트 야생에서 살아 가기가 쉽지 않지? 그래서 오늘은 도와줄 친구를 소개할게!

엥? 누구요?

병만이

상민샘 혹시 메이크코드를 연결하면 나오는 로봇 같은 녀석을 본 적 있니?

그 친구를 에이전트라고 해. 에이전트는 마인크래프트 세계에서 널 위해 많은 일을 해 줄 수 있어.

그런데 그 친구는 움직이지도 않던데요.

병만이

상민샘 하하. 에이전트를 이용하려면 먼저 에이전트와 관련된 명령블록을 익혀야 해.

에이전트의 위치를 확인해요

에이전트는 메이크코드를 연결하는 순간 플레이어 앞에 나타나요. 그렇다고 해서 플레이어를 따라다니는 건 아니에요. 그래서 에이전트가 필요하면 내게로 불러와야 해요.

01 　👤 플레이어 에서 　다음 채팅 명령어를 입력하면　을 끌어온 뒤 채팅 명령어를 **안녕**으로 바꿔 주세요.

02 　🤖 에이전트 에서 　에이전트가 플레이어에게 텔레포트　를 끌어와 블록 안쪽에 연결해 주세요.

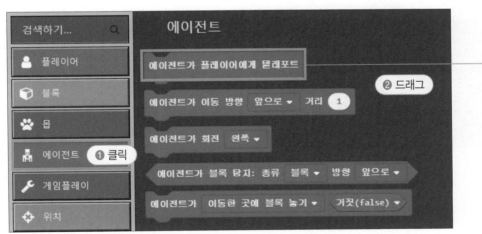

쌤Talk! 텔레포트라는 뜻은 특정 위치로 순간 이동하는 것을 말해요. 여기서는 플레이어에게 텔레포트하는 것이므로 에이전트가 플레이어가 있는 곳으로 순간 이동을 하겠지요?

03 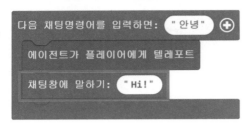 플레이어 에서 채팅 창에 말하기 를 끌어와 연결해 주세요.

04 채팅 창에 말하기 의 Hi!를 에이전트 텔레포트 완료로 바꿔 주세요.

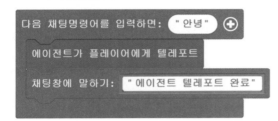

05 Enter 를 누르고 채팅 창에 **안녕**을 입력한 다음 실행 결과를 확인해 보세요.

쌤Talk! 에이전트가 플레이어에게 텔레포트 는 에이전트를 이용한 명령을 시작하거나 끝마칠 때 자주 쓰는 명령 블록이니 잘 기억해 두세요!

에이전트를 움직여요

에이전트가 텔레포트만 할 수 있는 건 아니에요. 에이전트는 자유자재로 움직일 수 있어요. 앞, 뒤, 왼쪽, 오른쪽, 위, 아래 이렇게 여섯 방향으로 움직일 수 있고 왼쪽과 오른쪽으로 방향을 바꿀 수도 있어요. 그럼 직접 에이전트를 움직여 볼까요?

01 👤플레이어 에서 다음 채팅 명령어를 입력하면 을 끌어온 뒤 채팅 명령어를 **이동**으로 바꿔 주세요.

02 🤖에이전트 에서 에이전트가 이동 방향 거리 를 블록 안쪽으로 끌어와 연결해 주세요. 거리 값을 5로 바꿔 주세요.

쌤Talk! 거리 값에서 1은 마인크래프트 세계에서 블록 한 개 길이를 뜻해요. 왼쪽 코드는 블록 다섯 개 길이만큼 앞으로 가라는 명령이에요.

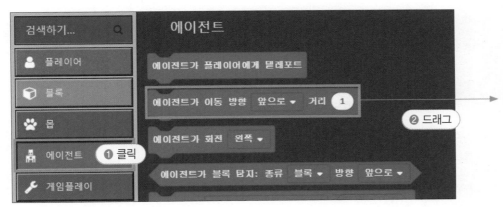

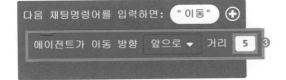

03 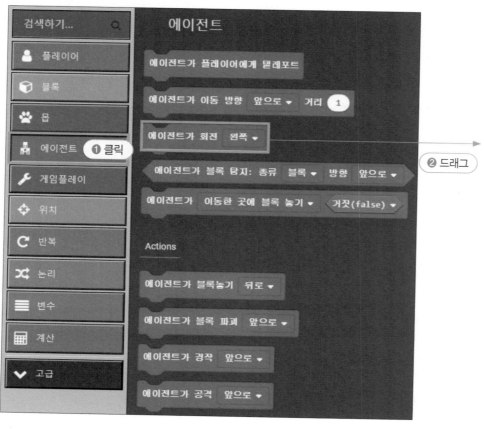 에이전트 에서 에이전트 회전 을 끌어와 연결해 주세요.

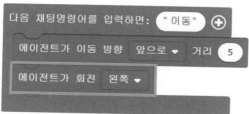

04 같은 방법으로 다음과 같이 코드를 만들어 주세요.

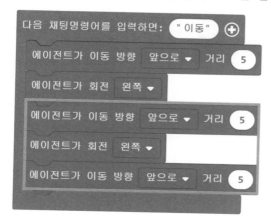

05 두 번째 에이전트가 회전 의 **왼쪽**을 **오른쪽**으로 바꿔 주세요.

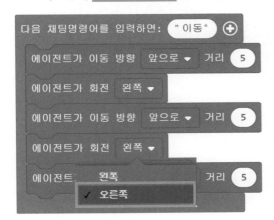

06 Enter 를 누르고 채팅 창에 **이동**을 입력하고 실행 결과를 확인해 보세요.

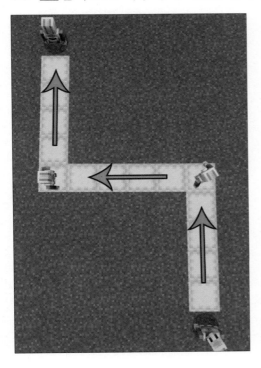

쌤Talk! 에이전트의 회전 방향을 바꿀 수 있는 것처럼 에이전트가 이동 방향 거리 명령블록에서 ▽를 누르면 에이전트가 이동하는 방향을 바꿀 수 있어요. 에이전트는 여섯 방향(앞으로, 뒤로, 왼쪽, 오른쪽, up, down)으로 움직일 수 있어요. up은 위쪽이고 down은 아래쪽이라는 뜻이에요.

쌤Talk! 에이전트는 걸어 다니기만 할까요? 아니에요. 날아다니기도 해요. 그러니 에이전트가 절벽에서 떨어질까 봐 걱정하지 않아도 돼요.

블록을 놓고 파괴해 봐요

에이전트에게 블록을 놓도록 시켜 볼게요. 하지만 에이전트는 블록을 직접 만들 수는 없어요. 그러므로 에이전트에게 먼저 블록을 줘야 해요. 에이전트도 플레이어처럼 아이템을 보관할 수 있는 인벤토리를 갖고 있답니다.

쌤Talk! 혹시 모든 아이템이 나오지 않는다면 게임 모드가 크리에이티브 모드인지 확인하세요.

01 E를 눌러 인벤토리를 열고 **목재** 아이템을 찾으세요. 원하는 아이템을 핫 바로 끌어온 다음 원하는 위치에서 클릭해 주세요.

쌤Talk! 검색 창에 **목재**를 입력하면 아이템을 더 쉽게 찾을 수 있어요.

02 에이전트를 마우스 오른쪽 버튼으로 누르면 인벤토리가 열려요. 인벤토리에서는 아이템이 들어갈 각각의 칸을 슬롯이라고 불러요. 위쪽이 에이전트 인벤토리고 아래쪽이 플레이어 인벤토리예요. **목재** 아이템을 에이전트 인벤토리의 **첫 번째 슬롯**으로 옮겨 주세요.

쌤Talk! 목재 아이템을 꼭 에이전트 인벤토리의 첫 번째 슬롯으로 옮겨 주세요. 에이전트는 슬롯에 담긴 모든 아이템을 쓸 수 있지만 기본적으로 첫 번째 슬롯에 담긴 아이템을 사용하도록 되어 있기 때문이에요.

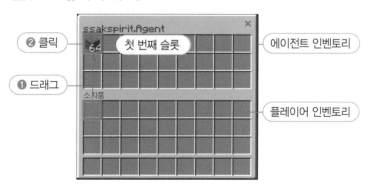

03  에서 다음 채팅 명령어를 입력하면 을 끌어온 뒤 채팅 명령어를 **블록놓기**로 바꿔 주세요.

04 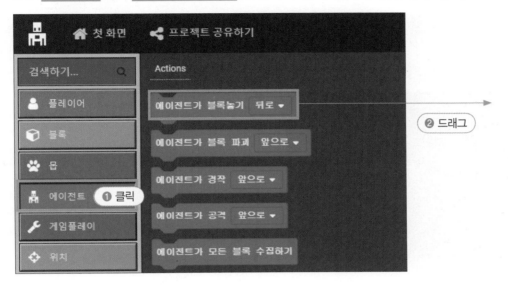 에이전트 에서 에이전트가 블록 놓기 를 끌어와 블록 안쪽에 연결해 주세요.

05 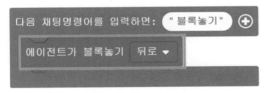 에이전트 에서 에이전트가 블록 놓기 를 한 개 더 끌어와 연결한 다음 **뒤로**를 **앞으로**로 바꿔 주세요.

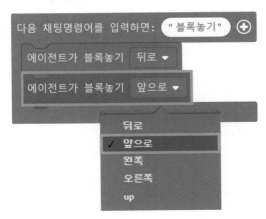

> **Talk!** 에이전트가 블록을 놓는 방향 역시 여섯 방향(앞으로, 뒤로, 왼쪽, 오른쪽, up, down) 중에서 선택할 수 있어요.

06 같은 방법으로 다음과 같이 코드를 완성하세요.

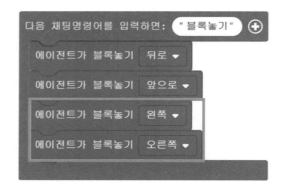

쌤Talk! 같은 명령블록을 반복해서 써야 한다면 명령블록을 복사해서 사용하세요. 복사하려는 명령블록을 마우스 오른쪽 버튼으로 누른 다음 복사를 선택하면 됩니다.

07 Enter를 누르고 채팅 창에 **블록놓기**를 입력한 다음 실행 결과를 확인해 보세요.

08 이제 블록을 순서대로 파괴해 볼까요? 지금까지 만든 코드 옆에 코드를 새로 만들게요. 🧍플레이어 에서 다음 채팅 명령어를 입력하면 을 끌어온 뒤 채팅 명령어를 **블록파괴**로 바꿔 주세요.

쌤Talk! 지금까지 만든 코드 아래에 연결하지 말고 명령블록을 따로 놓아 주세요.

09 🖥️에이전트 에서 에이전트가 블록 파괴 를 끌어와 블록 안쪽에 연결해 주세요.

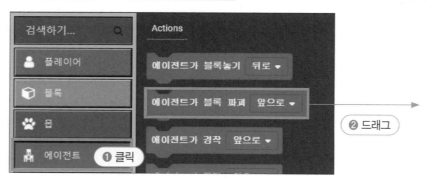

10 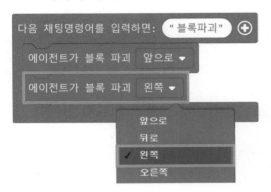 에이전트 에서 에이전트가 블록 파괴 를 한 개 더 끌어와 연결한 뒤 **앞으로**를 **왼쪽**으로 바꿔 주세요.

🔳**Talk!** 에이전트가 블록을 파괴하는 방향도 블록을 놓는 방향과 같이 여섯 가지 방향(앞으로, 뒤로, 왼쪽, 오른쪽, up, down) 중에서 선택할 수 있어요.

11 같은 방법으로 다음과 같이 코드를 완성하세요.

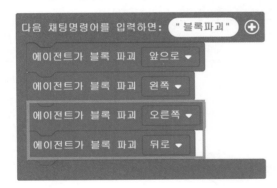

12 Enter를 누르고 채팅 창에 **블록파괴**를 입력한 다음 실행 결과를 확인해 보세요.

에이전트는 부지런한 친구

배우는 것 에이전트 활용법 **사용 블록** 플레이어, 에이전트, 반복, 변수 **활동 내용** 에이전트 광물 수집, 에이전트 장애물 파괴, 에이전트 인벤토리 확인 **게임 환경** 서바이벌 모드, 무한맵

학습목표

에이전트로 장애물을 파괴하고 광물을 수집할 수 있다.

병만이

선생님! 이제 에이전트와 좀 친해진 것 같아요.

잘 됐네. 하지만 에이전트에 대해 아직도 배울 게 많이 남아 있어. 혹시 에이전트가 무슨 뜻인지 아니?

상민샘

병만이

엥? 그냥 이름 아니었어요?

에이전트는 '대리인' 즉, 대신해 주는 사람이라는 뜻이야.

상민샘

병만이

그럼 저를 대신해 뭘 해 줄 수 있나요?

좋은 질문이야! 광물 수집부터 시켜 볼까?

상민샘

에이전트, 광물을 부탁해!

에이전트가 블록을 파괴하는 방법은 7장에서 배웠어요. 하지만 더 간단하게 블록을 파괴하는 명령블록이 있어요. 그리고 블록을 파괴하면 나오는 광물을 수집하는 명령까지 알려 줄게요. 파괴만 하고 수집하지 않으면 의미가 없으니까요.

01 🧑 플레이어 에서 다음 채팅 명령어를 입력하면 을 끌어온 뒤 채팅 명령어를 **광물수집**으로 바꿔 주세요.

02 🤖 에이전트 에서 에이전트가 이동한 곳에 블록 놓기 를 끌어와 연결해 주세요.

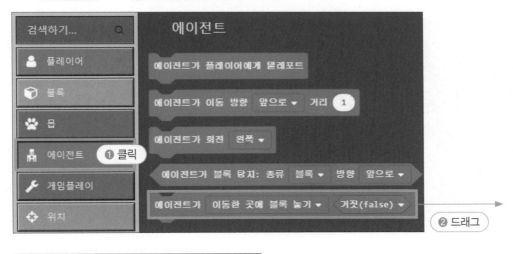

03 에이전트가 이동한 곳에 블록 놓기 의 **이동한 곳에 블록 놓기**를 **장애물을 파괴하기**로 바꿔 주세요.

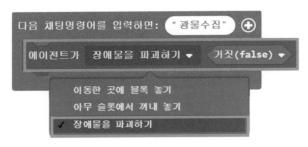

04 에이전트가 장애물을 파괴하기 의 **거짓(false)**을 **참(true)**으로 바꿔 주세요.

05 🎮 에이전트 에서 에이전트가 이동 방향 거리 를 끌어와 연결한 다음 이동 방향을 **down**으로 바꿔 주세요. 그리고 거리 값을 **20**으로 바꿔 주세요.

📢 Talk! 에이전트가 장애물을 파괴하기 는 에이전트가 이동할 때 방해되는 블록이 있으면 파괴한다는 뜻이에요. 장애물이 나올 때마다 에이전트가 블록 파괴 명령블록을 사용하지 않아도 되므로 편하게 쓸 수 있어요. 하지만 참(true)으로 설정되어 있어야 실행된다는 점을 꼭 기억하세요.

📢 Talk! 광물을 수집하려면 땅을 아래로 파 들어가야겠죠? 거리는 마인크래프트 세계를 벗어나지 않는 범위인 20~80 사이에서 정하면 된답니다.

06  🏮 에이전트 에서 에이전트가 모든 블록 수집하기 를 끌어와 연결해 주세요.

쌤Talk! 에이전트가 이동하는 명령 뒤에 블록을 수집하는 명령블록을 연결해야 해요. 명령을 수행하는 순서에 맞춰 차례대로 명령블록을 연결한다는 점을 잊지 마세요.

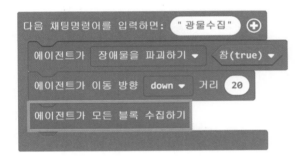

07 🏮 에이전트 에서 에이전트가 플레이에게 텔레포트 를 끌어와 연결해 주세요.

쌤Talk! 광물을 수집한 에이전트가 플레이어에게 텔레포트해서 오면 에이전트가 수집한 광물을 쉽게 확인할 수 있어요.

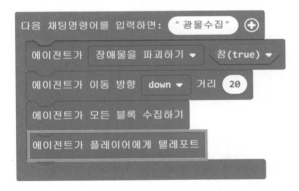

08 Enter 를 누르고 채팅 창에 **광물수집**을 입력한 다음 실행 결과를 확인해 보세요.

쌤Talk! 작업을 끝내고 에이전트는 플레이어에게 텔레포트해서 올 거예요. 그러면 에이전트를 마우스 오른쪽 버튼으로 눌러 인벤토리를 확인해 보세요. 혹시 다이아몬드라도 발견했나요?

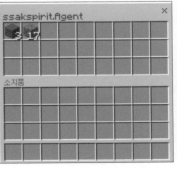

02 필요한 광물만 끌어와 줘!

에이전트가 블록을 파괴하고 수집하다 보면 필요 없는 것까지 너무 많이 가져오기도 해요. 에이전트는 블록을 쉽게 수집할 수 있지만 그렇다고 필요 없는 블록까지 모아 둘 필요는 없겠지요? 에이전트가 우리에게 필요한 블록만 수집하도록 시켜 볼까요?

01 **활동 01**과 같은 방법으로 다음과 같은 코드를 만들어 주세요.

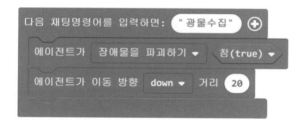

> **쌤Talk!** **활동 01**에서 만든 코드에서 필요 없는 명령 부분만 삭제하는 방법도 있어요. 명령블록을 마우스 왼쪽 버튼으로 누른 뒤 Delete를 누르면 삭제가 된답니다.

02 🔩 에이전트 에서 에이전트가 아이템 모으기 를 끌어와 연결해 주세요.

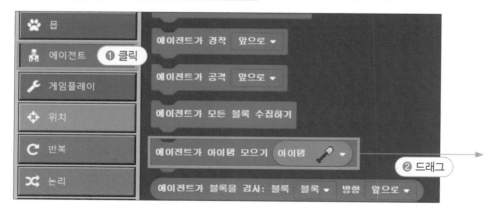

03 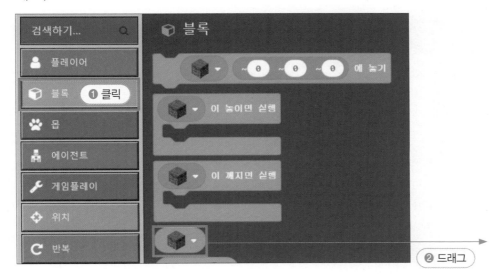블록 에서 █▾ 을 끌어와 에이전트가 아이템 모으기 의 **아이템** 자리에 넣어 주세요.

04 에이전트가 아이템 모으기 의 █▾ 을 철광석인 █으로 바꿔 주세요. 검색 창에 **철광석**을 입력해서 검색하면 쉽게 찾을 수 있어요.

쌤Talk! 다른 광석을 선택해도 되지만 마인크래프트에 가장 유용하게 쓰이는 철광석으로 바꿔 볼게요.

05 같은 방법으로 황금 광석을 모으는 명령을 추가하여 연결해 주세요.

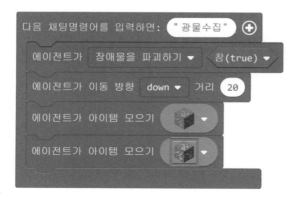

쌤Talk! 더 모으고 싶은 광석이나 아이템이 있다면 명령블록을 얼마든지 연결해도 상관없어요.

06 🏠 에이전트 에서 에이전트가 플레이어에게 텔레포트 를 끌어와 연결해 주세요.

쌤Talk! 에이전트가 광물 수집을 끝내고 플레이어에게 텔레포트하도록 하면 결과를 확인하기가 쉬워요.

07 Enter 를 누르고 채팅 창에 **광물수집**을 입력한 다음 실행 결과를 확인해 보세요.

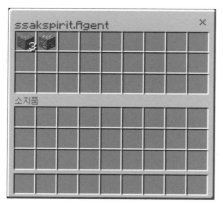

쌤Talk! 에이전트의 인벤토리가 텅텅 비었다고요? 아무런 블록도 찾지 못했다고요? 사실 에이전트가 지상에서 바닥끝까지 블록을 파괴했을 때 철광석이 나올 가능성은 100개 중 1개도 되지 않아요. 끈기 있게 여러 번 시도해 보세요.

03 에이전트야, 너는 뭘 갖고 있니?

에이전트가 열심히 블록을 수집하고 있네요. 과연 에이전트가 블록을 얼마나 모았을까요? 에이전트가 멀리 있을 때 인벤토리를 확인하는 방법이 있을까요? 에이전트가 열심히 일을 하고 있는데 갑자기 불러내서 확인할 수는 없잖아요. 이럴 때는 몇 가지 명령을 이용해 무엇을 얼마나 갖고 있는지 확인할 수 있어요.

01 E를 눌러 몇 가지 광물을 끌어와 주세요. 아이템을 핫 바로 끌어다 놔 보세요. 한 개씩 가지고 올 수 있답니다.

🗨Talk! 여기서는 돌 1개, 철 광석 2개, 황금 광석 3개, 다이아몬드 광석 4개를 핫 바로 끌어왔어요. 검색 창에서 광물 이름을 입력하여 검색하면 쉽게 찾을 수 있어요.

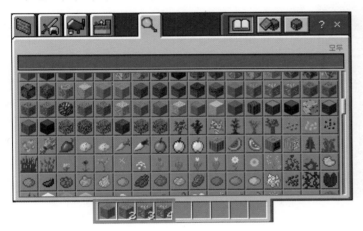

02 에이전트를 마우스 오른쪽 버튼으로 눌러 에이전트의 인벤토리를 열어 주세요. 그리고 핫 바에 있던 플레이어의 아이템을 에이전트의 인벤토리로 다음과 같이 옮겨 주세요.

🗨Talk! 우리는 지금 에이전트의 인벤토리에 아이템을 넣어 코드를 실행할 준비를 하고 있어요. 실제로 명령을 활용할 때는 광물을 수집하고 있는 에이전트의 인벤토리에 어떤 광물이 있는지는 알 수 없겠죠?

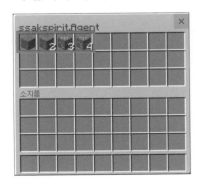

03  에서 다음 채팅 명령어를 입력하면 을 끌어온 뒤 채팅 명령어를 **슬롯**으로 바꿔 줍니다.

04 ≡변수 에서 변수 만들기 를 눌러 주세요. 새 변수 이름 창이 나타나면 변수 이름을 **번호**로 입력하고 **확인** 버튼을 눌러 주세요.

쌤Talk! 변수는 계속 변하는 값이면서 동시에 그 값을 저장하는 공간을 뜻해요. 따라서 변수는 값이 정해지지 않았기 때문에 코딩하는 사람이 직접 정해 주거나 바꿀 수 있어요. 여기서 변수 '번호'는 슬롯 번호를 뜻해요.

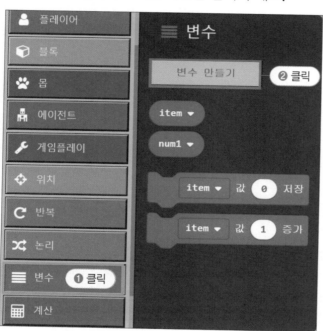

05 다음 채팅 명령어를 입력하면 의 ⊕를 누르면 나타나는 변수 값을 **번호**로 바꿔 주세요.

쌤Talk! 채팅 명령어에 변수를 추가했으므로 이제 채팅 명령어를 입력할 때는 슬롯이라는 채팅 명령어와 변수를 함께 입력해야 해요. 그래야만 실행이 된답니다.

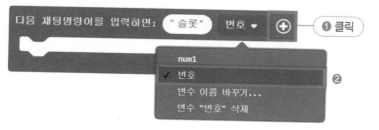

06  플레이어 에서 채팅 창에 말하기 를 끌어와 블록 안쪽에 연결해 주세요.

07 메이크코드 왼쪽 메뉴에서 ∧고급 을 누르면 확장 메뉴가 나와요. 확장 메뉴
의 T문자열 에서 문자열 연결 을 끌어와 Hi 자리에 넣어 주세요.

08 문자열 연결 의 World를 개가 있습니다.로 바꿔 주세요.

09 에이전트 에서 에이전트가 슬롯 1에서 블록의 개수를 가져오기 를 끌어와 문자열 연결 의
Hello 자리에 넣어 주세요.

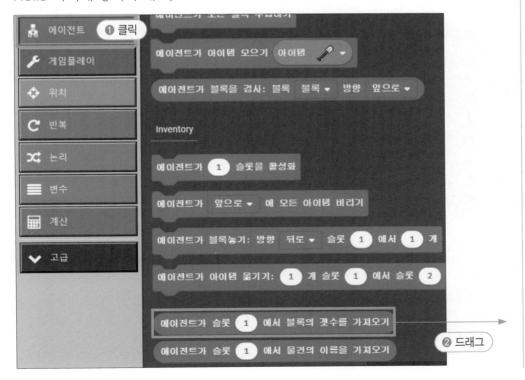

10 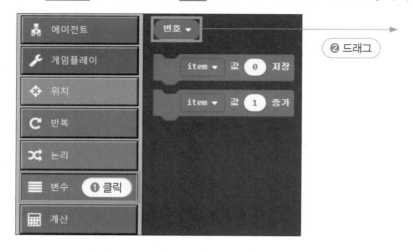변수에서 만들었던 번호를 끌어와 슬롯 1의 자리에 넣어 주세요.

쌤Talk! 지금까지 완성한 코드는 에이전트의 각 슬롯에 있는 블록 개수를 알려 주는 코드예요.

11 🔲블록에 블록놓기를 끌어와 연결해 주세요.

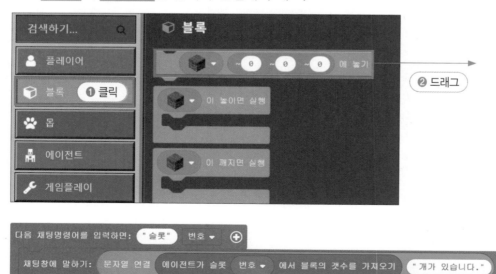

12 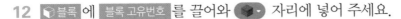 블록 에 블록 고유번호 를 끌어와 🧊▾ 자리에 넣어 주세요.

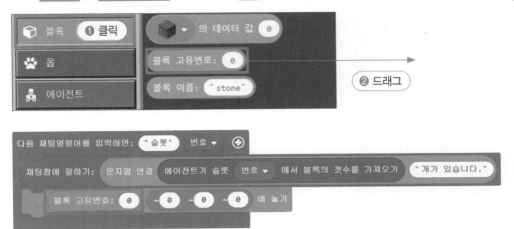

쌤Talk! 각 블록에는 이름뿐
만 아니라 그 이름
을 나타내는 숫자도 있어요.
이런 숫자를 고유번호라고 불
러요.

13 🔍 에이전트 에서 에이전트가 슬롯 1에서 물건의 이름을 가져오기 를 끌어와 블록 고유번호 의
0 자리에 넣어 주세요.

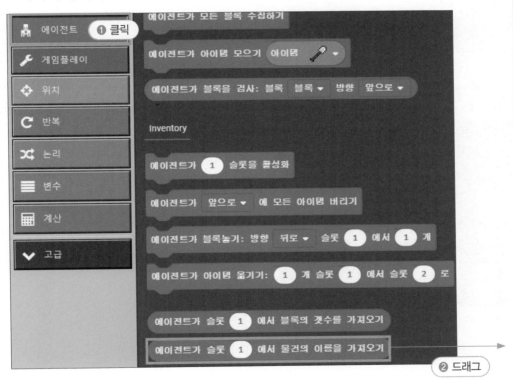

쌤Talk! 에이전트가 슬롯 1에서
물건의 이름을 가져오기
는 블록의 실제 이름을 가져오
는 것이 아니라 블록의 고유번
호를 가져오는 명령이에요.

14 ≡변수 에서 만들었던 번호 를 끌어와 슬롯 1의 자리에 넣어 주세요.

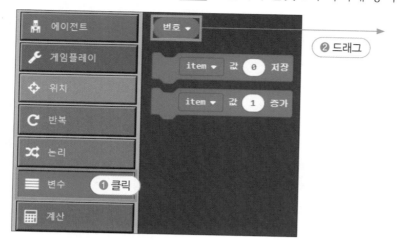

쌤Talk! 이렇게 하면 에이전트의 각 슬롯에 있는 블록을 알아낸 다음 플레이어가 있는 위치에 그 블록을 놓을 수 있어요.

15 Enter 를 누르고 채팅 창에 **슬롯** 1을 입력한 다음 실행 결과를 확인해 보세요.

쌤Talk! 슬롯 1과 함께 슬롯 2, 슬롯 3처럼 변수를 바꿔 가면서 입력해 보세요. 에이전트가 에이전트의 각 슬롯에 있는 블록 개수를 알려 주고 그 블록을 확인한 뒤 플레이어가 있는 위치에 놓아서 알려 줄 거예요. 참! 슬롯을 입력한 다음에는 한 칸 띄우고 1을 입력해야 실행된다는 점을 잊지 마세요.

건축가 에이전트

배우는 것 에이전트로 다양한 구조물 만들기 **사용 블록** 플레이어, 에이전트, 반복 **활동 내용** 다리 만들기, 계단 만들기, 타워 만들기 **게임 환경** 크리에이티브 모드, 무한맵

학습목표

에이전트로 다양한
건축물을 만들 수 있다.

선생님, 마인크래프트 세계는 이렇게 넓은데 제가 사는 집은 너무 좁고 초라해 보여요.

병만이

하하하, 병만아 에이전트를 이용할 때 가장 좋은 점이 뭐라고 생각하니?

상민샘

음… 에이전트는 같은 작업을 반복해서 수행할 수 있어요! 불평 한마디 하지 않고 아주 충실하게요.

병만이

맞아. 에이전트는 반복 작업도 잘하고 우리가 하기 힘든 일도 쉽고 빠르게 할 수 있지.

상민샘

그래서 에이전트의 명령을 이용하면 집짓기도 어렵지 않게 할 수 있어.

오! 그럼 이제 저의 보금자리를 더 크고 멋지게 꾸밀 수 있는 건가요?

병만이

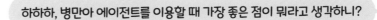

01 다리를 만들어요

우리가 지내는 보금자리 주변에는 높은 언덕도 있고 강이나 바다도 있어요. 다리는 이러한 지형에서 사람과 자동차 등이 빠르고 안전하게 이동할 수 있도록 도와주기 때문에 꼭 필요해요. 그렇지만 다리는 땅이 아니라 물 위나 공중에 세워야 해서 플레이어가 블록으로 만들려면 꽤 어려워요. 이럴 때는 에이전트를 이용하면 간단해요. 에이전트는 공중에서도 얼마든지 블록을 놓을 수 있으니까요.

01 다리를 만들기에 적당한 블록을 선택해서 에이전트의 인벤토리로 옮겨 주세요.

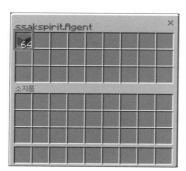

> **쌤Talk!** 마음에 드는 아무 블록이나 사용해도 괜찮아요. 여기서는 목재 블록을 끌어왔어요. 다만 에이전트 인벤토리의 첫 번째 슬롯에 블록을 놓아 주세요. 에이전트는 기본적으로 첫 번째 슬롯의 아이템을 사용하니까요.

02 플레이어에서 다음 채팅 명령어를 입력하면 을 끌어온 뒤 채팅 명령어를 **다리**로 바꿔 주세요.

03 에이전트에서 에이전트가 이동한 곳에 블록 놓기 를 끌어와 블록 안쪽에 연결한 다음 **거짓(false)**을 **참(true)**으로 바꿔 주세요.

> **쌤Talk!** 코딩을 시작하기 전에 에이전트의 위치와 방향을 확인해 보세요. 에이전트는 자신이 바라보는 방향으로 블록을 놓거든요. 따라서 올바른 위치에 다리를 지으려면 방향을 잘 확인해야 해요. 앞에서 배운 에이전트가 플레이어에게 텔레포트 와 에이전트가 회전 명령블록을 활용하세요.

04 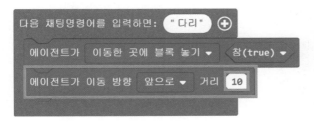 에이전트 에서 에이전트가 이동 방향 거리 를 끌어와 연결한 다음 거리 값을 10으로 바꿔 주세요.

쌤Talk! 거리 값으로 입력한 10이 다리의 길이가 돼요. 따라서 여러분이 만들려는 다리의 길이를 잘 생각해서 거리 값을 입력하세요.

05  에이전트 에서 에이전트가 이동 방향 거리 를 끌어와 연결한 다음 **앞으로**를 **왼쪽**으로 바꿔 주세요.

쌤Talk! 왼쪽으로 1칸 이동하는 이유는 다리의 너비가 블록 2칸이라는 것을 보여 주기 위해서예요. 즉, 우리는 지금 길이가 블록 10칸이고, 너비가 블록 2칸인 다리를 만들고 있어요.

06 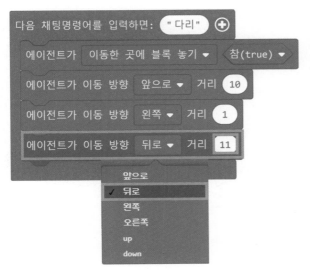 에이전트 에서 에이전트가 이동 방향 거리 를 끌어와 연결한 다음 **앞으로**를 **뒤로**로 바꾸고 거리 값을 11로 바꿔 주세요.

쌤Talk! 여기서는 에이전트가 앞으로 갔던 거리보다 1만큼 더 뒤로 이동하도록 했어요. 왜일까요? 에이전트는 이동하고 난 자리에 블록을 놓기 때문에 마지막에 한 칸 더 뒤로 가야 직사각형 모양의 다리를 만들 수 있어요. 직접 실행해 보면 무슨 말인지 쉽게 이해할 수 있을 거예요.

07 Enter 를 누르고 채팅 창에 **다리**를 입력한 다음 실행 결과를 확인해 보세요.

하늘 계단을 만들어요

밤에 나타나는 좀비와 크리퍼를 피해 하늘 위에 보금자리를 만들어 보면 어떨까요? 높은 곳에 귀중한 아이템도 보관하고 그곳에서 가축들도 키우면 더욱 안전할 것 같지 않나요? 높은 곳에 건축물을 만들려면 먼저 올라가는 계단부터 만들어야겠죠? 하늘 높이 올라가는 계단을 에이전트와 함께 만들어 봐요.

01 계단을 만드는 데 적당한 블록을 선택하여 에이전트의 인벤토리로 옮겨 주세요.

02 `🧍플레이어`에서 `다음 채팅 명령어를 입력하면`을 끌어온 뒤 채팅 명령어를 **계단**으로 바꿔 주세요.

03 `🤖에이전트`에서 `에이전트가 이동한 곳에 블록 놓기`를 블록 안쪽에 연결한 다음 **거짓 (false)**을 **참(true)**으로 바꿔 주세요.

04 `🔁반복`에서 `반복(repeat)`을 끌어와 연결하고 반복 값을 20회로 바꿔 주세요.

> 💬**Talk!** 반복하는 횟수가 계단 높이가 돼요. 필요한 높이만큼 반복 값을 입력해 보세요.

05 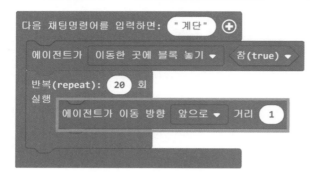 에이전트 에서 에이전트가 이동 방향 거리 를 끌어와 연결해 주세요.

06 에이전트 에서 에이전트가 이동 방향 거리 를 끌어와 연결하고 **앞으로**를 up으로 바꿔 주세요.

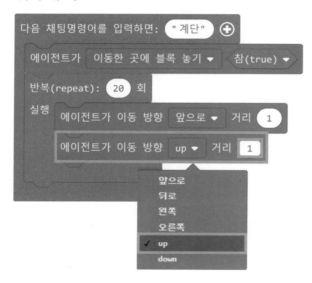

07 Enter를 누르고 채팅 창에 **계단**을 입력한 다음 실행 결과를 확인해 보세요.

이번에는 타워에 도전!

타워 위에 보금자리를 만들면 꽤 신날 것 같지 않나요? 높은 곳은 안전할 뿐만 아니라 발 아래로 펼쳐지는 풍경이 정말 멋지거든요. 하지만 타워를 만드는 일은 쉽지 않아요. 왜냐면 반복 작업이라 힘들고 높은 곳에 블록을 놓다가 발을 헛디디면 떨어져서 죽을 수도 있거든요. 이런 지루하고 위험한 작업도 에이전트를 이용하면 쉽게 할 수 있어요. 그럼 이번에도 에이전트의 도움을 받아 타워를 세워 볼게요.

01 타워를 만들기에 적당한 블록을 선택하여 에이전트의 인벤토리로 옮겨 주세요.

02 🧑플레이어에서 다음 채팅 명령어를 입력하면 을 끌어온 뒤 채팅 명령어를 **타워**로 바꿔 주세요.

03 🏠에이전트에서 에이전트가 이동한 곳에 블록 놓기 를 블록 안쪽에 연결한 다음 **거짓(false)**을 **참(true)**으로 바꿔 주세요.

04 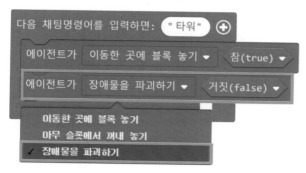 에이전트 에서 에이전트가 이동한 곳에 블록 놓기 를 끌어와 연결한 다음 **이동한 곳에 블록 놓기**를 **장애물을 파괴하기**로 바꿔 주세요.

05 에이전트가 장애물을 파괴하기 의 **거짓(false)**을 **참(true)**으로 바꿔 주세요.

06 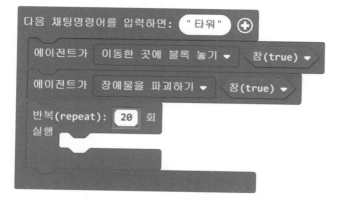 반복 에서 반복(repeat) 을 끌어와 연결하고 반복 값을 **20회**로 바꿔 주세요.

샘Talk! 에이전트가 장애물을 파괴하기 명령블록이 있는 이유가 뭘까요? 에이전트가 이동하는 곳에 에이전트가 이미 놓았던 블록이 있으면 파괴하고 움직여야 건축물이 완성되기 때문이에요. 아직 이해가 되지 않는다면 잠시 뒤 완성된 코드의 실행 화면에서 에이전트의 움직임을 잘 살펴보세요.

샘Talk! 반복하는 횟수가 타워 높이가 됩니다. 필요한 높이만큼 반복 값을 입력해 보세요.

07 ⟳ 반복 에서 반복(repeat) 을 끌어와 연결해 주세요.

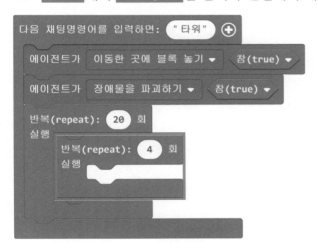

샘Talk! 여기서 반복하는 횟수는 사각형의 네 개 변을 뜻해요. 따라서 4로 입력해야 해요.

08 📑에이전트 에서 에이전트가 이동 방향 거리 를 끌어와 연결하고 거리 값을 8로 바꿔 주세요.

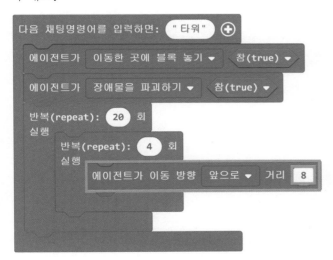

샘Talk! 여기서 거리 값 8은 타워를 이루는 각 변의 길이를 뜻해요. 따라서 거리 값이 크면 더 넓은 타워가 만들어지겠죠?

09 📑에이전트 에서 에이전트가 회전 을 끌어와 연결해 주세요.

에이전트가 장애물을 파괴하기 ▼   참(true) ▼

반복(repeat): 20 회
실행
　반복(repeat): 4 회
　실행
　　에이전트가 이동 방향 앞으로 ▼ 거리 8
　　에이전트가 회전 왼쪽 ▼

10 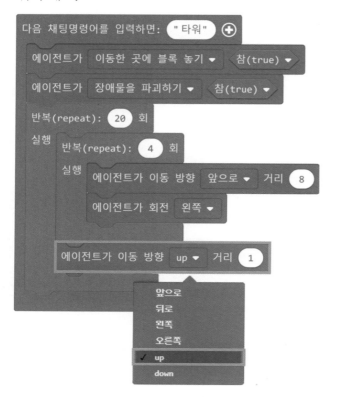 에이전트 에서 에이전트가 이동 방향 거리 를 끌어와 연결하고 **앞으로**를 **up**으로 바꿔 주세요.

쌤Talk! 명령블록의 위치를 잘 확인하면서 연결해 주세요. **10**의 코드는 타워 각 층의 네 개 변을 완성한 다음 에이전트가 한 칸 위로 올라가는 명령이에요.

```
다음 채팅명령어를 입력하면:  " 타워 "  ⊕

에이전트가  이동한 곳에 블록 놓기 ▼    참(true) ▼

에이전트가  장애물을 파괴하기 ▼    참(true) ▼

반복(repeat):  20  회
실행
     반복(repeat):  4  회
     실행
          에이전트가 이동 방향  앞으로 ▼  거리  8

          에이전트가 회전  왼쪽 ▼

     에이전트가 이동 방향  up ▼  거리  1
                          ┌──────────┐
                          │ 앞으로     │
                          │ 뒤로      │
                          │ 왼쪽      │
                          │ 오른쪽     │
                          │ ✓ up     │
                          │ down     │
                          └──────────┘
```

11 Enter를 누르고 채팅 창에 **타워**를 입력한 다음 실행 결과를 확인해 보세요.

쌤Talk! 우리가 만든 타워는 한 변의 길이가 8칸이고 높이가 20칸이에요. 따라서 에이전트가 만든다고 해도 시간이 꽤 오래 걸릴 거예요. 시간을 줄이고 싶다면 변의 길이와 층수를 줄여주세요.

CHAPTER 10

에이전트는 부지런한 농부

배우는 것 에이전트에게 농사를 짓도록 시키기 **사용 블록** 플레이어, 에이전트, 반복 **활동 내용** 에이전트로 청소하기, 농장 울타리 만들기, 밭 만들기 **게임 환경** 크리에이티브 모드, 평면맵

학습목표
에이전트에게 농작물을 가꾸게 할 수 있다.

 병만이
선생님~ 배고파요. 마인크래프트 세계에는 마트가 없나요?

하하, 병만아 주변에 먹을 것이 널렸잖아. **상민샘**

 병만이
그렇긴 한데 돼지 잡으러 다니는 게 너무 힘들어요. 에이전트는 좋겠어요. 배가 안 고파서….

병만아 계속 그렇게 채집하고 사냥할 필요는 없어. 농사를 지으면 되지! **상민샘**

 병만이
에이전트에게 농사를 짓게 할 수 있어요?

그럼~ 에이전트는 못하는 게 없어. **상민샘**

에이전트는 청소꾼

농사를 지으려면 넓은 공간이 필요해요. 에이전트가 로봇 청소기가 되면 어떨까요? 여기저기 돌아다니면서 장애물을 없애지 않을까요? 에이전트가 지상에서 청소를 하며 돌아다니면 청소부처럼 보이지만 지하에서 청소를 하며 돌아다니면 동굴을 넓고 깊게 뚫을 수 있을 거예요.

01 👤플레이어에서 다음 채팅 명령어를 입력하면 을 끌어온 뒤 채팅 명령어를 **청소**로 바꿔 주세요.

02 🤖에이전트에서 에이전트가 플레이어에게 텔레포트 를 끌어와 블록 안쪽에 연결해 주세요.

> 💬Talk! 에이전트를 플레이어에게 텔레포트하는 이유는 시작 위치를 정해주기 위해서예요.

03 🤖에이전트에서 에이전트가 이동한 곳에 블록 놓기 를 끌어와 연결한 다음 **이동한 곳에 블록 놓기**를 장애물을 파괴하기로 바꿔 주세요.

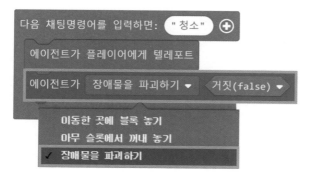

04 에이전트가 장애물을 파괴하기 의 **거짓(false)**을 **참(true)**으로 바꿔 주세요.

05 ↻ 반복 에서 반복(repeat) 을 끌어와 연결하고 반복 값을 20회로 바꿔 주세요.

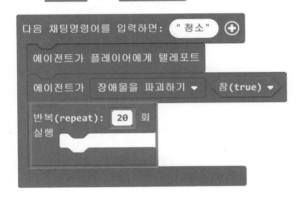

06 🔧 에이전트 에서 에이전트가 이동 방향 거리 를 끌어와 반복(repeat) 안쪽에 연결해 주세요.

07 📊 계산 에서 랜덤 선택(정수) 을 끌어와 에이전트가 이동 방향 거리 의 거리 값 자리에 넣고 0~10을 −5~5로 바꿔 주세요.

쌤Talk! 랜덤 선택은 무작위로 선택하겠다는 뜻이에요. 여기서는 −5에서 5까지의 수(−5, −4, −3, −2, −1, 0, 1, 2, 3, 4, 5)에서 무작위로 하나를 선택해요. 숫자 앞에 − 기호는 반대 방향을 뜻해요. 예를 들어 5는 앞으로 다섯 칸 간다는 뜻이고 −5는 뒤로 다섯 칸 간다는 뜻이에요.

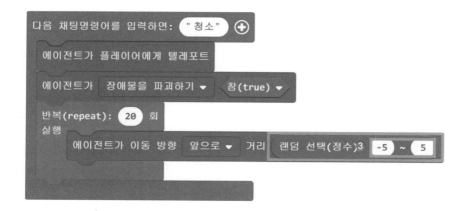

08 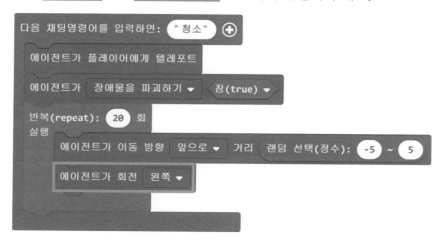 🖥 에이전트 에서 에이전트가 회전 을 끌어와 연결해 주세요.

쌤Talk! 에이전트가 회전하지 않으면 계속 앞 뒤로만 움직일 거예요. 따라서 에이전트가 회전 명령블록을 꼭 넣어야 해요.

09 Enter 를 누르고 채팅 창에 **청소**를 입력한 다음 실행 결과를 확인해 보세요.

쌤Talk! 플레이어 아래에 놓인 블록을 하나 파괴하고 플레이어를 한 칸 아래로 내려서게 한 다음 명령을 실행해 보세요. 그러면 에이전트가 블록을 파괴한 모습을 잘 볼 수 있어요. 단, 물이 있을 때는 실행이 안 된다는 점을 기억하세요.

농장 울타리를 만들어요

농장을 만들 수 있도록 주변을 어느 정도 정리했어요. 이제 농장 안팎을 구분할 수 있는 울타리가 필요해요. 여러 가지 색깔 블록을 번갈아 놓아서 예쁜 울타리를 만들어 볼까요? 역시 이번에도 에이전트 명령을 이용해서 만들어 볼게요.

01 에이전트의 인벤토리에 색깔 블록 세 가지를 골라서 옮겨 주세요.

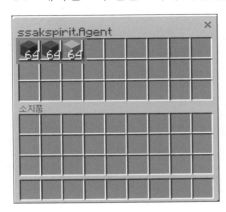

> **쌤Talk!** 울타리로 쓸 블록이므로 어떤 색이 예쁠지 생각하면서 골라 보세요.

02 플레이어 에서 다음 채팅 명령어를 입력하면 을 끌어온 뒤 채팅 명령어를 울타리 로 바꿔 주세요.

03 에이전트 에서 에이전트가 이동한 곳에 블록 놓기 를 끌어와 연결하고 거짓(false)을 참(true)으로 바꿔 주세요.

04 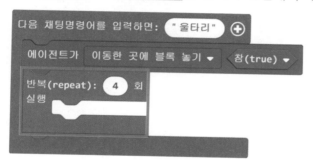 **반복** 에서 **반복(repeat)** 을 끌어와 연결해 주세요.

쌤Talk! 세 종류의 블록을 놓는 명령을 반복하는 것이므로 반복 횟수의 3배가 울타리 길이가 된답니다.

05 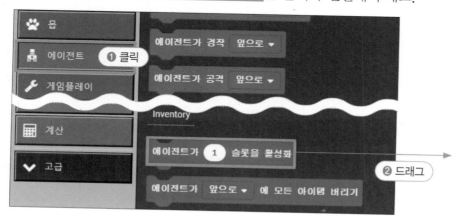 **에이전트** 에서 **에이전트가 1 슬롯을 활성화** 를 끌어와 연결해 주세요.

쌤Talk! **에이전트가 1 슬롯을 활성화** 명령블록은 에이전트가 어떤 슬롯에 있는 아이템을 사용할지 결정해요. 여기서는 1 슬롯이므로 첫 번째 슬롯에 있는 아이템을 사용하라는 뜻이에요.

에이전트 인벤토리의 첫 번째 슬롯

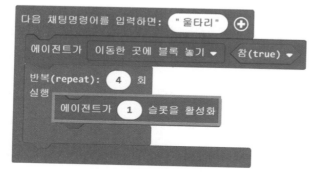

06 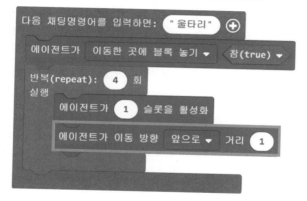 **에이전트** 에서 **에이전트가 이동 방향 거리** 를 끌어와 연결해 주세요.

07 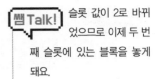 에이전트 에서 에이전트가 1 슬롯을 활성화 를 끌어와 연결하고 슬롯 값 1을 2로 바꿔 주세요.

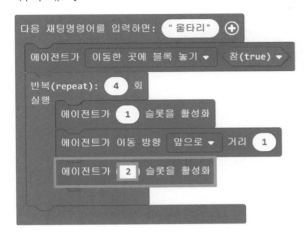

샘Talk! 슬롯 값이 2로 바뀌었으므로 이제 두 번째 슬롯에 있는 블록을 놓게 돼요.

08 같은 방법으로 다음과 같이 코드를 완성하세요.

09 Enter 를 누르고 채팅 창에 **울타리**를 입력한 다음 실행 결과를 확인해 보세요.

밀밭을 만들어요

농사를 지으려면 무엇이 필요할까요? 실제로 농사를 지을 때와 마찬가지로 마인크래프트 세계에서도 물, 땅, 햇빛, 씨앗이 필요해요. 에이전트에게 밀밭을 만들도록 하려면 몇 가지 명령을 순서대로 수행해야 해요. 땅을 갈고 이랑을 만들고 씨앗을 뿌리는 명령이에요. 이 행동을 반복해서 수행하면 넓은 밀밭도 금방 만들 수 있어요.

01 에이전트의 인벤토리에 필요한 재료를 넣어 주세요. 씨앗은 첫 번째 슬롯, 물 양동이는 두 번째 슬롯에 넣어 주세요.

쌤Talk! 에이전트의 인벤토리를 열어 앞에서 사용한 아이템은 다른 슬롯으로 옮기고, 지금 사용할 아이템을 정확하게 넣어 주세요.

02 ▣플레이어 에서 `다음 채팅 명령어를 입력하면`을 끌어온 뒤 채팅 명령어를 **밀밭**으로 바꿔 주세요.

03 ⟳반복 에서 `반복(repeat)`을 끌어와 연결하고 반복 값을 7로 바꿔 주세요.

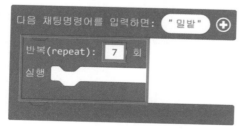

쌤Talk! 반복 횟수는 밀밭의 칸 개수를 뜻해요. 여기서는 적당한 길이가 되도록 7회 반복할게요.

04 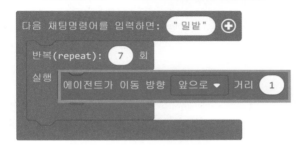 에이전트 에서 에이전트가 이동 방향 거리 를 끌어와 연결해 주세요.

05 에이전트 에서 에이전트가 경작 을 끌어와 연결하고 **앞으로**를 **왼쪽**으로 바꿔 주세요.

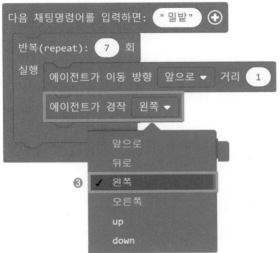

쌤Talk! 씨앗을 아무 땅에나 심을 수 있는 건 아니에요. 먼저 경작을 해서 씨앗을 심을 수 있는 기름진 땅을 만들어야 해요. 플레이어는 '괭이'라는 아이템이 있어야 경작할 수 있지만 에이전트는 명령을 이용해 경작할 수 있답니다.

06  에이전트 에서 에이전트가 블록 파괴 를 끌어와 연결하고 **앞으로**를 down으로 바
꿔 주세요.

07 에이전트 에서 에이전트가 1 슬롯을 활성화 를 끌어와 연결해 주세요.

08 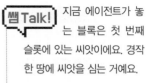 에이전트 에서 에이전트가 블록놓기 를 끌어와 연결하고 **뒤로**를 **왼쪽**으로 바꿔 주세요.

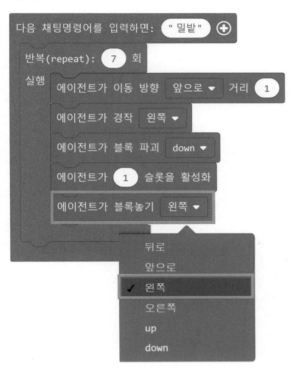

쌤Talk! 지금 에이전트가 놓는 블록은 첫 번째 슬롯에 있는 씨앗이에요. 경작한 땅에 씨앗을 심는 거예요.

09 에이전트 에서 에이전트가 1 슬롯을 활성화 를 끌어와 연결하고 1을 2로 바꿔 주세요.

10 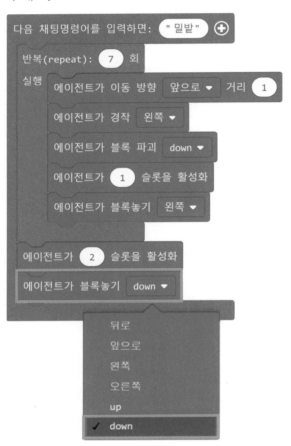 에이전트 에서 에이전트가 블록 놓기 를 끌어와 연결하고 **뒤로**를 **down**으로 바꿔 주세요.

쌤Talk! 지금 에이전트가 놓는 블록은 두 번째 슬롯에 있는 물 양동이에요.

11 Enter를 누르고 채팅 창에 **밀밭**을 입력한 다음 실행 결과를 확인해 보세요.

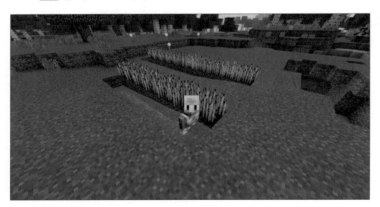

쌤Talk! 밀이 다 자라는 데까지는 대략 30분이 걸려요. 밀이 다 자란 다음에는 마우스 왼쪽 버튼을 눌러 수확할 수 있어요. 밀 말고 다른 씨앗도 심어 보고 어떤 작물이 나오는지 직접 확인해 보세요. 에이전트는 정말 부지런한 농부랍니다!

랜드마크를 만들자

배우는 것 다양한 모양 만들기 **사용 블록** 플레이어, 변수, 모양 **활동 내용** 원 모양 만들기, 공 모양 만들기, 나무 모양 만들기, 글씨 쓰기 **게임 환경** 크리에이티브 모드, 평면 맵

병만이
우리 집에는 이제 농장도 있고 울타리도 있어요. 저는 이제 만족해요.

상민샘
그래. 잘했어! 그런데 벌써 쉬려고? 더 멋지게 꾸미고 싶지 않아? 너 혹시 랜드마크가 뭔지 아니?

병만이
랜드마크요? 음… 피라미드, 에펠탑, 자유의 여신상, 숭례문 이런 것들 아닌가요?

상민샘
맞아. 랜드마크란 어떤 지역을 대표하거나 구별하게 하는 표지를 말해.

병만이
앗! 설마 오늘 랜드마크를 만드는 건가요?

상민샘
그렇지! 자신을 나타내는 특별한 랜드마크를 만들어 보는 거야.
모양 명령을 이용하면 어렵지 않게 만들 수 있어.

원 모양과 공 모양을 만들어요

블록을 놓는 방법에는 여러 가지가 있어요. 명령블록을 쓸 수도 있지만 에이전트를 이용할 수도 있어요. 이번 시간에는 지금까지 배운 방법과 다른 방법을 배워 볼 거예요. 바로 ○모양 명령을 이용해서 블록을 놓아 볼 거예요. 평면 공간에서 곡선으로 표현되는 원 모양이나 입체로 표현되는 공 모양은 에이전트나 명령블록을 이용해서 만들기는 어려워요. 하지만 ○모양 명령에는 원 모양 만들기 나 공 모양 만들기 같은 명령블록이 있어서 쉽게 만들 수 있어요. 원 모양과 공 모양을 결정하는 것은 중심과 반지름이에요. 이 두 가지만 생각하면 어렵지 않게 만들 수 있어요.

01 👤플레이어 에서 다음 채팅 명령어를 입력하면 을 끌어온 뒤 채팅 명령어를 **모양**으로 바꿔 주세요.

02 ∧고급 의 확장 메뉴인 ○모양 에서 원 모양 만들기 를 끌어와 연결해 주세요.

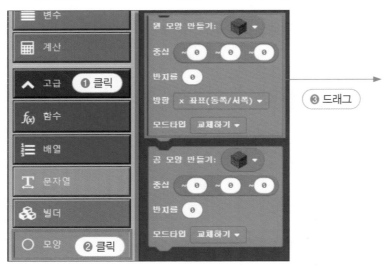

03 원모양만들기의 을 파란색 양털인 ▨로 바꿔 주세요.

쌤Talk! 모양을 어떤 블록으로 만들지 결정하는 거예요. 색깔이 있는 블록으로 선택하는 게 좋아요.

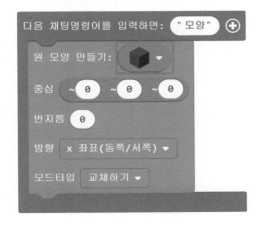

04 원모양만들기의 중심 값을 ～0 ～50 ～0으로 바꿔 주세요.

쌤Talk! 원이 만들어지는 중심이 어디인지를 결정하는 명령이에요. 여기서는 플레이어 위쪽에 원이 만들어지도록 하고 있어요.

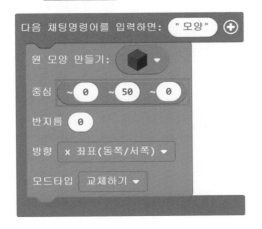

05 원모양만들기 의 반지름 값을 15로 바꿔 주세요.

쌤Talk! 반지름은 원의 크기를 결정해요.

06 ∧고급 의 확장 메뉴인 ○모양 에서 원모양만들기 를 끌어와 연결해 주세요. 원 모양 만들기를 빨간색 양털인 ■, 중심을 ~0 ~50 ~0, 반지름을 10으로 바꿔 주세요.

쌤Talk! 앞에서 만든 원모양 만들기 명령블록과 중심 값은 같지만 블록 종류와 반지름 크기가 달라요.

07 원 모양 만들기 의 x좌표(동쪽/서쪽)를 y좌표(위쪽, 아래쪽)로 바꿔 주세요.

쌤Talk! 방향은 원이 바라보는 방향을 뜻해요. 잘 이해가 되지 않는다면 직접 실행하여 확인해 보세요.

08 원 모양 만들기 에서 모드 타입의 **교체하기**를 **외곽선**으로 바꿔 주세요.

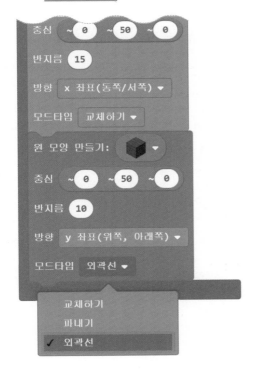

교체하기, 파내기, 외곽선의 차이

교체하기는 모양 전부를 블록으로 채우고, 외곽선은 모양의 테두리만 블록으로 채우고, 파내기는 모양을 만드는 곳에 있던 블록을 다 없앤 다음 파낸 모양의 테두리만 블록으로 채우는 명령이에요.

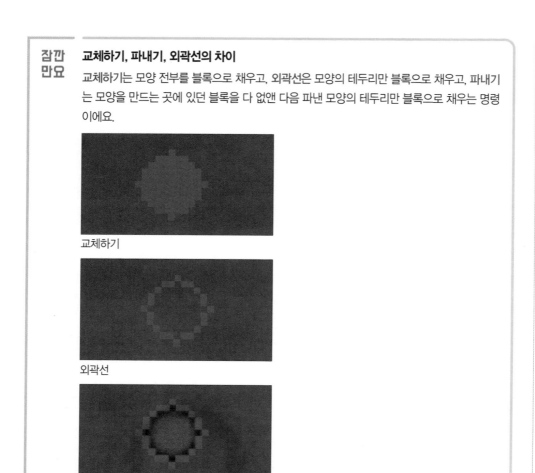

교체하기

외곽선

파내기

09 <kbd>∧고급</kbd>의 확장 메뉴인 <kbd>○모양</kbd>에서 <kbd>공 모양 만들기</kbd>를 끌어와 연결하고 공 모양 만들기를 노란색 양털인 ■, 중심을 ~10 ~50 ~0, 반지름을 5로 바꿔 주세요.

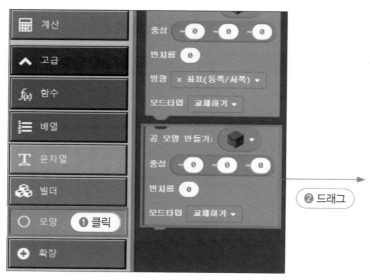

쌤Talk! <kbd>공 모양 만들기</kbd> 명령 블록에는 방향 값이 없어요. 왜냐하면 공 모양은 어느 방향에서 봐도 모양이 같기 때문이에요.

10 [Enter]를 누르고 채팅 창에 **모양**을 입력한 다음 실행 결과를 확인해 보세요.

쌤Talk! 파란 색 원과 노란 색 원을 잘 비교해 보세요. 파란색 원은 모드 타입이 교체하기라 블록이 안쪽까지 채워졌고, 빨간색 원은 모드 타입이 외곽선이라 테두리에만 블록이 채워졌어요. 파란색 원은 X좌표를 바라보는 방향으로 그려졌고 빨간색 원은 Y좌표를 바라보는 방향으로 그려졌어요.

혹시 이상한 곳에 만들어졌나요? 블록이 놓일 때는 움직이지 않아야 해요. 왜냐하면 플레이어 위치를 기준으로 블록이 만들어지기 때문이에요.

거대한 나무를 세워요

○모양 명령을 응용해서 새로운 랜드마크를 만들어 볼게요. 랜드마크는 큰 집이나 높은 탑이 될 수도 있지만 커다란 나무가 될 수도 있어요. 이번에는 거대한 나무를 만들어 볼 거예요. 우리가 앞에서 배운 변수와 반복을 이용하면 어렵지 않게 만들 수 있어요.

01 👤플레이어 에서 다음 채팅 명령어를 입력하면 을 끌어온 뒤 채팅 명령어를 나무로 바꿔 주세요.

02 ⌃고급 의 확장 메뉴인 ○모양 에서 선 모양 만들기 를 끌어와 연결하고 블록을 전나무 목재인 🟫로 바꿔 주세요.

 블록 소재를 무엇으로 할지 결정하는 거예요. 나무 기둥이 되는 부분이므로 전나무 목재가 좋을 것 같네요.

03 선 모양 만들기 의 시작과 끝 좌푯값을 각각 ~5 ~0 ~0과 ~5 ~10 ~0으로 바꿔 주세요.

쌤Talk! 선이 시작되는 좌표와 선이 끝나는 좌표를 정하는 거예요. 끝 좌표 Y값이 10이므로 기둥 높이는 10이 돼요.

04 ≡변수 에서 변수 높이 와 반지름 을 만들어 주세요.

쌤Talk! 나무의 윗부분이 점점 가늘어지도록 원을 쌓아 나갈 거예요. 그러려면 원의 높이와 반지름 값이 점점 줄어들어야겠죠? 이처럼 값이 달라져야 하기 때문에 변수를 사용하는 거예요. 변수를 만들 때는 변수 만들기 버튼을 이용하면 돼요.

05 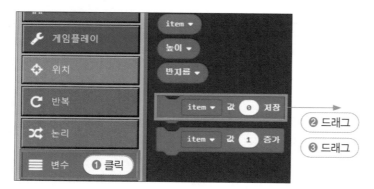변수 에서 item 값 저장 을 두 번 끌어와 연결하고 item을 각각 **높이**와 **반지름**

으로 바꿔 주세요.

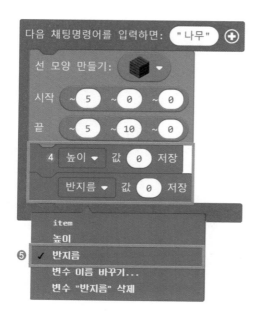

06 높이 변수와 반지름 변수의 값을 각각 10으로 바꿔 주세요.

쌤Talk! 변수의 처음 값을 10
으로 정해 줬어요.
값은 꼭 10이 아니어도 상관없
어요. 원하는 크기에 맞춰 다
른 값을 정해도 괜찮아요. 단,
높이 값은 선 모양 만들기 명
령블록의 끝 좌표 Y값과 같아
야 해요.

07 ↻ 반복 에서 반복(repeat) 을 끌어와 연결하고 반복 값을 10으로 바꿔 주세요.

쌤Talk! 반복 횟수는 반지름 값과 같아야 해요. 10회 반복한다는 말은 곧 원을 10개 만든다는 뜻이에요. 우리는 반지름이 1씩 작아지는 원을 10개 만들 것이므로 반지름 값도 10이 되어야 해요.

08 ⌃고급 의 확장 메뉴인 ◯모양 에서 원 모양 만들기 를 끌어와 연결한 뒤 다음과 같이 값을 바꿔 주세요.

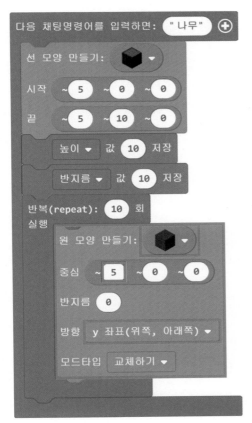

쌤Talk! 블록은 나무 질감을 살리기 위해 녹색 양털로 정했어요. 방향은 위/아래를 바라보도록 정해 주세요.

09 ≡변수 에서 변수 높이 와 반지름 을 끌어와 다음과 같이 연결해 주세요.

쌤Talk! 원의 중심 Y좌표, 즉 높이와 반지름은 변하는 값이므로 변수로 연결해야 해요.

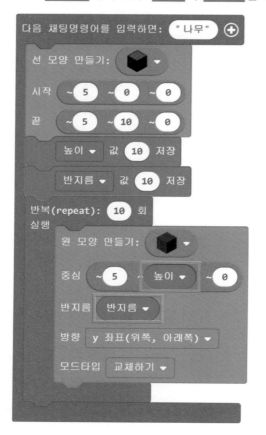

10 item 값 1 증가 를 두 번 끌어와 연결하고 item을 각각 **높이**와 **반지름**으로 바꿔 주세요. 그리고 증가 값을 각각 1과 −1로 바꿔 주세요.

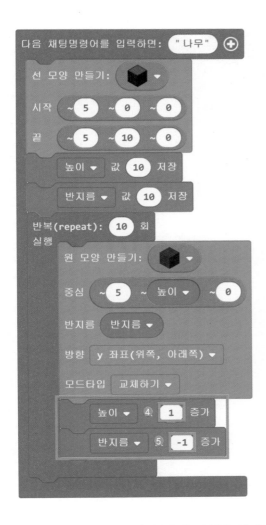

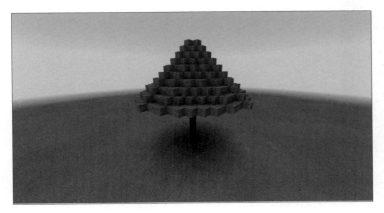

쌤Talk! 원 만들기를 반복할 때마다 높이는 1씩 증가하고 반지름은 1씩 줄어야 해요. 반지름 값 −1 증가는 반지름이 1씩 줄어든다는 뜻이에요.

11 Enter 를 누르고 채팅 창에 **나무**를 입력한 다음 실행 결과를 확인해 보세요.

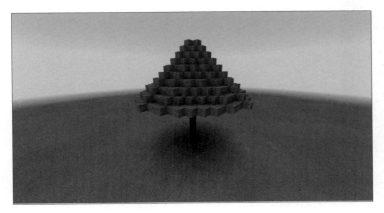

쌤Talk! 반복해서 많은 양의 블록을 놓는 명령이라 나무를 완성하는 데 시간이 오래 걸릴 수 있어요. 나무가 만들어질 때 움직이면 엉뚱한 위치에 나무가 만들어지므로 움직이면 안 돼요. 잠깐 화장실을 다녀오거나 1~2분 쉬었다 오면 거대한 나무가 심어져 있을 거예요.

마인크래프트 세계에 메시지나 이름을 남기고 싶을 때가 있을 거예요. 랜드마크를 완성했거나 보금자리를 멋지게 꾸미고 났을 때처럼 무언가를 기념하고 싶을 때 말이에요. 글자쓰기 명령블록을 이용하면 글자를 블록으로 직접 만들지 않고도 쉽게 쓸 수 있어요.

01 👤플레이어 에서 다음 채팅 명령어를 입력하면 을 끌어온 뒤 채팅 명령어를 **글쓰기**로 바꿔 주세요.

02 📦블록 에서 글자 쓰기 를 끌어와 블록 안쪽에 연결해 주세요.

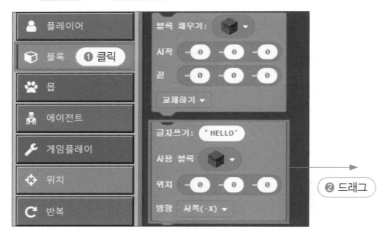

03 글자 쓰기 에서 HELLO를 WELCOME TO로 바꿔 주세요.

영어로 입력

쌤Talk! 글자 쓰기 안에는 어떤 글을 쓸지 결정해요. 아직은 한글이 지원되지 않으므로 영어만 쓸 수 있어요. 영어는 소문자와 대문자를 구분해서 쓸 수 있어요.

04 글자 쓰기 에서 사용 블록을 황금 블록인 🟫으로 바꿔 주세요.

쌤Talk! 어떤 블록으로 글자를 쓸지 정해야 해요. 눈에 잘 띄는 블록을 선택해야 글자가 잘 보이겠죠?

05 글자 쓰기 에서 위치 좌표의 Y값을 16으로 바꿔 주세요.

쌤Talk! Y좌표를 16으로 입력한 이유는 플레이어 머리 위에 만들어지도록 하기 위해서예요. 여기서 방향 값은 글자가 써지는 방향을 뜻해요. WELCOME TO의 W에서 O까지 방향이 서쪽(-X)이라는 뜻이에요.

06 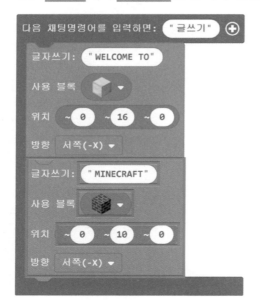 블록에서 글자쓰기 를 끌어와 연결하고 다음과 같이 값을 바꿔 주세요.

쌤Talk! 만들어지는 글자 크기는 세로가 5칸인 크기예요. 아쉽지만 이건 마인크래프트에서 정한 거라 조절할 수 없어요. 두 글자 WELCOME TO와 MINECRAFT가 겹치지 않도록 Y좌표 간격을 잘 보세요.

07 Enter 를 누르고 채팅 창에 **글쓰기**를 입력한 다음 실행 결과를 확인해 보세요.

쌤Talk! 여러 가지 글자를 다양한 방향으로 써 보세요. 글자 크기는 조절할 수 없지만 글자가 써지는 방향은 동서남북 중 하나로 고를 수 있어요.

아이템을 얻자

배우는 것 모드 바꾸기, 아이템 주기 **사용 블록** 플레이어, 블록, 몹, 게임플레이, 반복 **활동 내용** 게임 모드 바꾸기, 몬스터 소환, 몬스터를 죽이면 아이템 얻기 **게임 환경** 서바이벌 모드, 무한 맵

학습목표

몬스터를 소환하고 몬스터가 죽으면 아이템을 얻도록 코드를 만들 수 있다.

병만이

선생님, 지금까지 메이크코드를 이용해서 건축물도 짓고 텃밭도 가꿨잖아요. 그런데 뭔가 좀 아쉬워요.

무슨 말인지 좀 더 자세히 말해 볼래?

신상샘

뭔가를 만드는 건 많이 했는데, 다른 게임처럼 몬스터를 잡으면 뭐가 나오고 그런 건 못해 봤잖아요. 그런 것도 재미있을 것 같아요!

병만이

아하! 마인크래프트 월드를 RPG처럼 만들고 싶은 거구나. 당연히 가능하지.

신상샘

진짜요? 그럼 진작 알려 주셨어야죠!

병만이

마인크래프트 월드에서 게임 모드와 난이도는 설정에 들어가야만 바꿀 수 있어요. 또 시간과 날씨는 치트 키를 쓰지 않으면 바꿀 수가 없어요. 그러나 메이크코드를 이용하면 게임 모드와 난이도는 물론 시간이나 날씨 등도 채팅 명령어를 이용해 손쉽게 바꿀 수 있어요. 그럼 몬스터가 나오도록 게임 모드, 난이도, 시간, 날씨를 바꿔 볼까요?

01 **&플레이어**에서 **다음 채팅 명령어를 입력하면**을 끌어온 뒤 채팅 명령어를 **몬스터의시간**으로 바꿔 주세요.

02 **&게임플레이**에서 **날씨 바꾸기**를 끌어와 연결해 주세요.

03 날씨 바꾸기 의 **맑음**을 **비**로 바꿔 주세요.

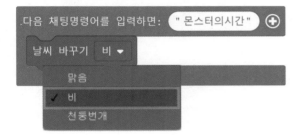

쌤Talk! 맑은 날보다는 비 오는 날이 몬스터가 나오는 분위기와 잘 어울리 겠죠?

04 🔧게임플레이 에서 시간 설정 을 끌어와 연결해 주세요.

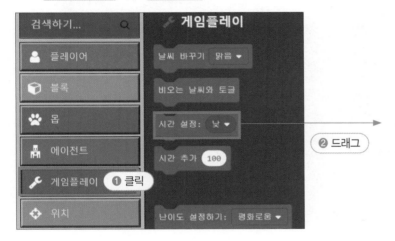

05 시간 설정 의 **낮**을 **밤**으로 바꿔 주세요.

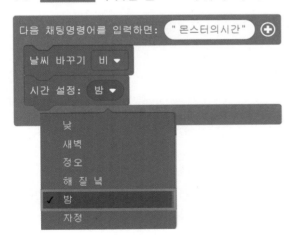

쌤Talk! 몬스터는 밤에만 나 타나므로 꼭 밤으로 설정하세요. 좀비나 스켈레톤 은 햇볕을 받으면 불에 타 죽 기 때문에 낮에는 돌아다니지 않아요.

06 🔧 게임플레이 에서 난이도 설정하기 를 끌어와 연결해 주세요.

🗨️**Talk!** 평화로움 난이도에서는 몬스터가 나오지 않아요. 난이도를 쉬움 이상으로 선택해 주세요.

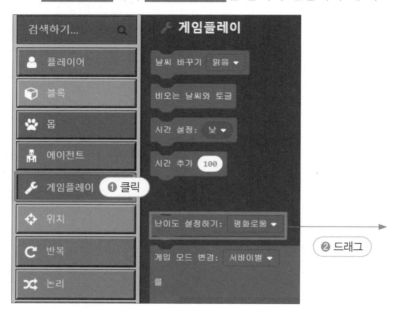

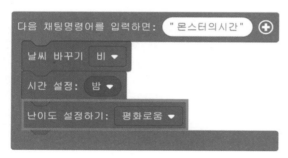

07 난이도 설정하기 의 **평화로움**을 **기본**으로 바꿔 주세요.

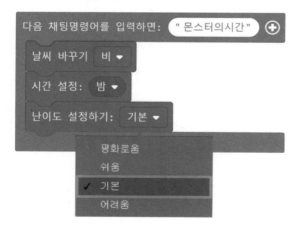

08 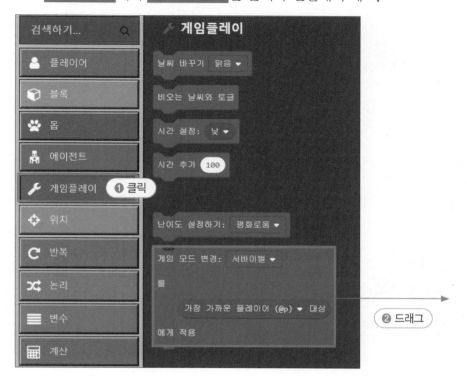 🔧 게임플레이 에서 게임 모드 변경 을 끌어와 연결해 주세요.

09 [게임모드변경]의 게임 모드가 **서바이벌**인지 확인하고, 대상을 **가장 가까운 플레이어**에서 **모든 플레이어**로 바꿔 주세요.

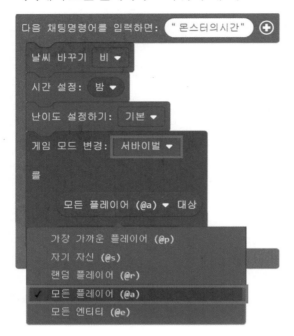

10 [Enter]를 누르고 채팅 창에 **몬스터의시간**을 입력한 다음 실행 결과를 확인해 보세요.

몬스터가 아이템을
떨어트리도록 만들어요

활동 01에서 만든 코드를 실행하면 좀비나 스켈레톤 같은 기본 몬스터가 나올 거예요. 돌아다니는 몬스터를 잡으면 그 몬스터가 갖고 있던 아이템이 떨어져요. RPG 게임처럼 몬스터를 잡으면 금이나 다이아몬드 같은 보석이 떨어지도록 만들면 어떨까요? 추가로 경험치도 준다면? 훨씬 더 재미있는 게임이 될 것 같지 않나요?

01 플레이어 에서 다음 채팅 명령어를 입력하면 을 끌어온 뒤 채팅 명령어를 **좀비소환**으로 바꿔 주세요.

02 몹 에서 소환 동물 을 끌어와 블록 안쪽에 연결해 주세요.

03 몹 에서 몬스터 를 끌어와 소환 동물 의 **동물** 자리에 넣어 주세요.

04 소환 몬스터 의 **몬스터: 크리퍼**를 **좀비**로 바꿔 주세요.

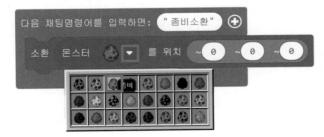

05  C 반복 에서 반복(repeat) 을 끌어와 연결하고 반복 값을 10으로 바꿔 주세요.

쌤Talk! 반복 횟수는 소환되
는 몬스터 마릿수와
같아요.

06 소환 몬스터 의 위치를 ~5 ~0 ~5로 바꿔 주세요.

쌤Talk! 내가 있는 위치(~0
~0 ~0)로 좀비를
소환하면 좀비가 나오자마자
나를 때릴 거예요. 그래서 눈
앞 위치(~5 ~0 ~5)에서 소
환하도록 바꾸었어요. 모든
몬스터는 소환되자마자 나를
공격하므로 맞서 싸우거나 도
망가야 해요.

07 이제 그 옆에 새로운 코드를 만들어야 해요. 몹 에서 몹이 죽었다면 실행 을 끌어와 주세요.

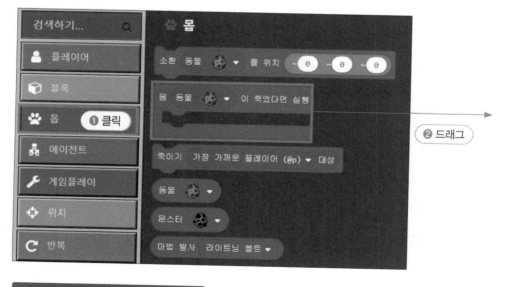

08  몹 에서 몬스터 를 끌어와 몹이 죽었다면 실행 의 동물에 넣어 주세요.

몹 몬스터 🕷 ▼ 이 죽었다면 실행

09 몹이 죽었다면 실행 의 몬스터: 크리퍼를 좀비로 바꿔 주세요.

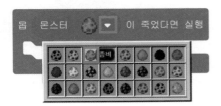

10  몹 에서 블록이나 아이템 주기 를 끌어와 연결해 주세요.

이번에 소환한 몬스터는 좀비이므로 몬스터는 모두 좀비로 맞출게요.

11 블록이나 아이템 주기 의 블록이나 아이템을 다이아몬드 블록인 ▨로 바꿔 주세요.

쌤Talk! 검색 창에 다이아몬드를 입력하여 검색하면 쉽게 찾을 수 있어요.

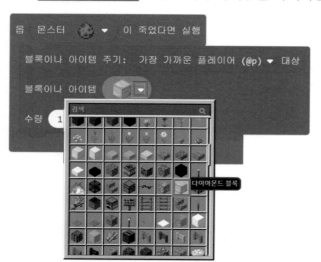

12 🔧게임플레이 에서 경험치 주기 를 끌어와 연결해 주세요.

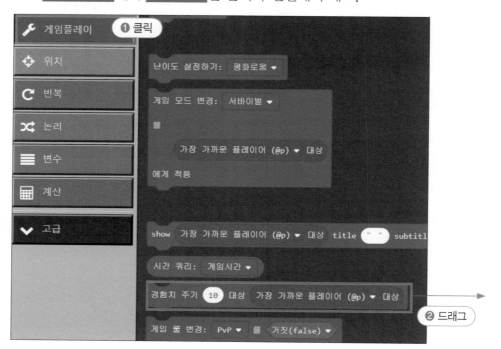

13 경험치 주기 의 경험치 값을 100으로 바꿔 주세요.

쌤Talk! 실제 게임에서는 경험치가 올라갔다는 메시지가 뜨지 않아요. 그러나 경험치 막대를 자세히 보면 좀비를 잡았을 때보다 100만큼 더 올라간 것이 보일 거예요.

14 [Enter]를 누르고 채팅 창에 **좀비소환**을 입력한 다음 좀비를 잡아 보세요.

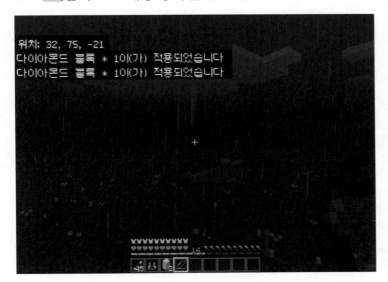

몬스터를 잔뜩 소환해서 잡다 보면 다이아몬드 블록 같은 보석을 얻을 수 있어요. 그런데 몬스터를 너무 많이 소환하면 잡기가 버거울 수 있어요. 특정 몬스터를 손쉽게 잡을 수 있는 방법이 있으면 좋을 것 같지 않나요?

01 **활동 02**와 같은 방법으로 좀비를 소환하는 코드를 만들어 주세요.

쌤Talk! 이번 활동에서는 코드를 총 세 개 만들 거예요. 블록을 계속 연결해서 쌓지 않도록 주의하세요.

02 **01**에서 만든 코드 옆에 새로운 코드를 만들 거예요. 플레이어 에서 다음 채팅 명령어를 입력하면 을 끌어온 뒤 채팅 명령어를 **활과화살**로 바꿔 주세요.

03 몹 에서 블록이나 아이템 주기 를 끌어와 연결해 주세요.

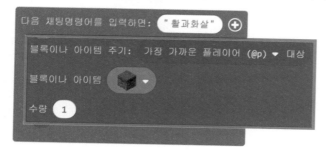

04 블록이나 아이템 주기 의 대상을 **가장 가까운 플레이어**에서 **자기 자신**으로 바꿔 주세요.

05 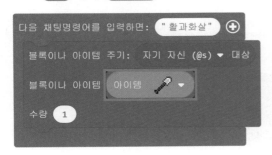에서 아이템을 끌어와 블록이나 아이템의 자리에 넣어 주세요.

06 아이템 종류를 활로 바꿔 주세요.

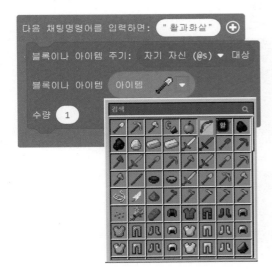

07 같은 방법으로 화살을 64개 주도록 다음과 같이 코드를 만들어 주세요.

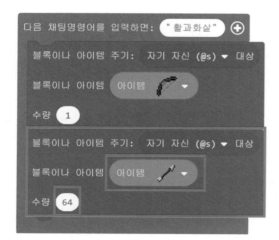

쌤Talk! 활은 한 개만 있어도 돼요. 하지만 화살은 소모품이라 여러 개 있어야 쏠 수 있어요.

08 다음으로 새로운 코드를 만들 거예요. ▲플레이어 에서 화살을 쏘면 실행 을 끌어와 주세요.

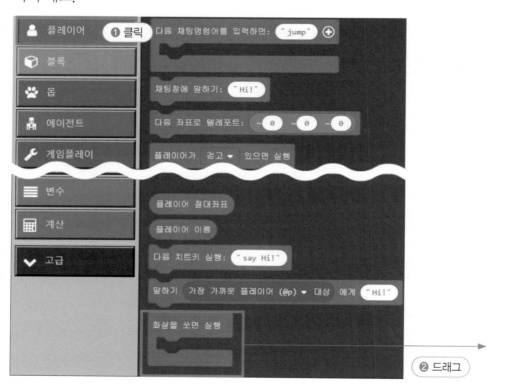

09 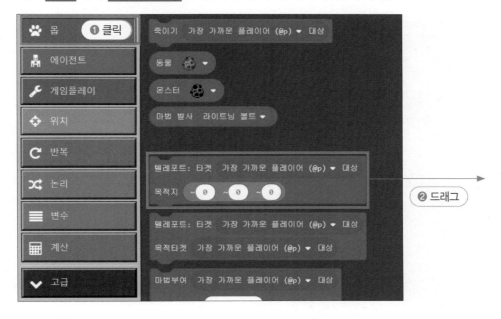 몹에서 텔레포트: 타겟 을 끌어와 블록 안쪽에 연결해 주세요.

10 몹에서 다음 대상에서 다음 반경 내에 있는 을 끌어와 텔레포트: 타겟 의 **가장 가까운 플레이어 대상**의 자리에 넣어 주세요.

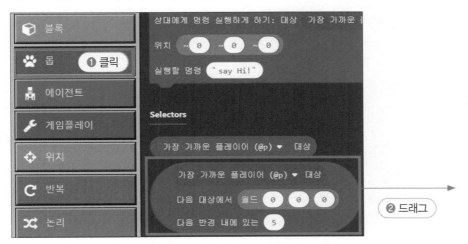

🗨**Talk!** 다음 대상에서 다음 반경 내에 있는 명령 블록은 몹에서 스크롤을 아래로 내리면 찾을 수 있어요.

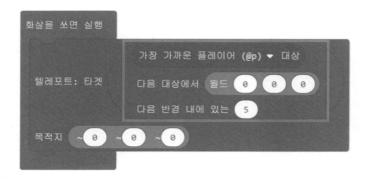

11 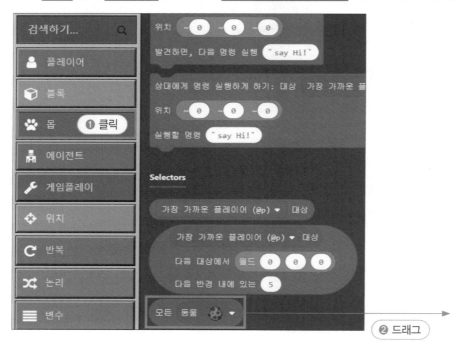 🐾몹 에서 모든 동물 을 끌어와 가장 가까운 플레이어 대상 자리에 넣어 주세요.

쌤Talk! 모든 동물 명령블록 역시 🐾몹 에서 스크롤을 아래로 내리면 찾을 수 있어요.

❷ 드래그

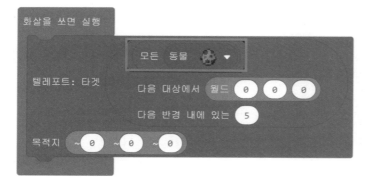

12 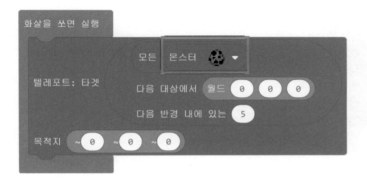 **몹**에서 **몬스터** 를 끌어와 **모든 동물의 동물** 자리에 넣어 주세요.

13 **모든 몬스터** 의 **몬스터: 크리퍼**를 좀비로 바꿔 주세요.

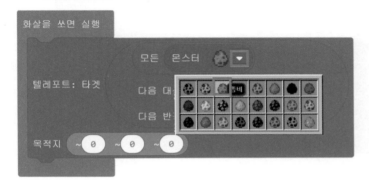

14 **플레이어**에서 **플레이어 절대좌표** 를 끌어와 **텔레포트: 타겟** 의 **월드 0 0 0** 자리에 넣어 주세요.

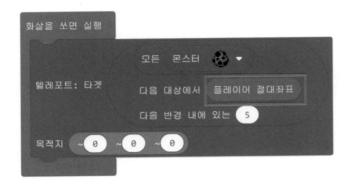

15 텔레포트 목적지 의 목적지인 ~0 ~0 ~0을 눈앞의 좌표인 ~10 ~0 ~0으로 바꿔 주세요.

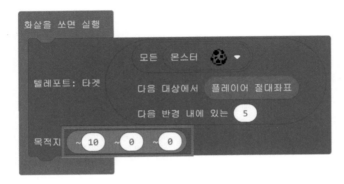

16 몹 에서 소환동물 을 끌어와 연결해 주세요.

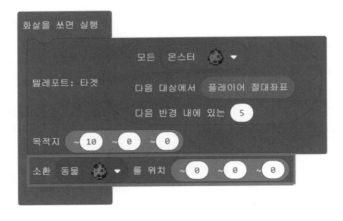

쌤Talk! 이렇게 하면 내 위치에서 다섯 블록 안에 있는 모든 좀비 몬스터가 목적지인 ~10 ~0 ~0으로 텔레포트 돼요.

17 몹 에서 마법 발사 를 끌어와 소환 동물 의 동물 자리에 넣고 불 붙은 TNT를 라이트닝 볼트로 바꿔 주세요.

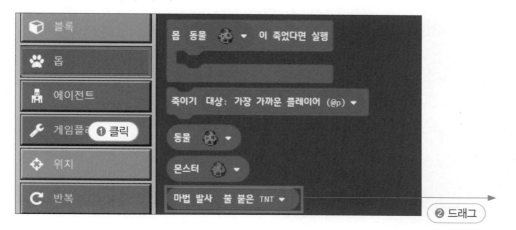

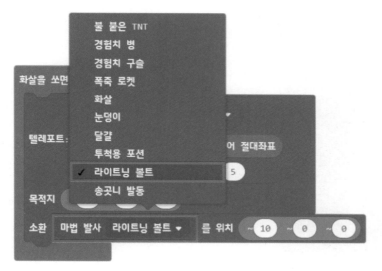

18 소환 마법 발사 에서 위치를 앞서 좀비를 모아 놓은 좌표인 ~10 ~0 ~0으로 바꿔 주세요.

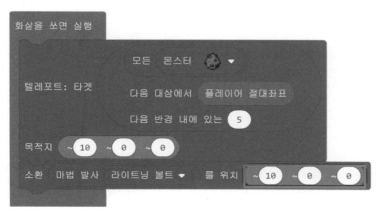

쌤Talk! 마찬가지로 이렇게 하면 내 위치에서 다섯 블록 안에 있는 모든 좀비가 목적지인 ~10 ~0 ~0으로 텔레포트될 거예요. 그런 다음 그 위치에 번개를 내리쳐 좀비를 죽게 할 거예요.

19 Enter를 누르고 채팅 창에 **좀비소환**과 **활과화살**을 입력해 볼까요? 좀비를 소환하고 활과 화살을 얻은 다음 화살을 쏴 보세요!

쌤Talk! 화살을 쏘려면 활을 손에 든 상태에서 마우스 오른쪽 버튼을 길게 누른 채로 과녁을 조준하세요. 조준한 상태에서 마우스 오른쪽 버튼에서 손가락을 떼면 화살이 과녁을 향해 날아갑니다.

03

마인크래프트 더 즐기기

게임편

마인크래프트는 그 자체로도 재미있는 게임이지만 메이크 코드를 이용하면 더 재밌게 즐길 수 있답니다. 메이크코드는 마인크래프트에서 플레이어가 더 많은 것을 할 수 있도록 하고, 더 재밌고 흥미롭게 게임을 즐기도록 도와주지요. Part 3 게임 편에서는 앞서 배운 명령블록을 이용해서 게임을 만들어 볼게요. 만든 게임을 조금씩 응용하고 변형해서 즐겨 보세요. 게임을 직접 만들고 즐기는 동안 코딩 실력도 쑥쑥 올라갈 거예요. 메이크코드로 마인크래프트를 한층 더 즐겨 볼까요?

에이전트야 달려라 달려!

게임 방법 구구단 문제를 풀면서 에이전트를 달리게 하기 **게임 환경** 서바이벌 모드, 평면맵

학습목표
변수와 조건문을 이용하여 구구단 달리기 게임을 만들 수 있다.

상민샘

병만아. 구구단 잘 외우니?

선생님, 제가 아무리 공부에 관심이 없어도 두 수 곱하기 정도는 알아요!

병만이

상민샘

그래! 그럼 이 게임도 재밌게 할 수 있을 거야. 구구단 문제를 맞히면 에이전트가 앞으로 가고, 틀리면 뒤로 가는 게임이야.

아! 에이전트를 달리기 시키는 거군요. 너무 쉬운데요?

병만이

상민샘

하지만 문제를 정확히 푸는 게 중요해. 그래야 빨리 결승점에 도착할 수 있겠지?

구구단 연습은 지루하지만 이건 재밌을 것 같아요!

병만이

게임 코딩하기

01  에서 `다음 채팅 명령어를 입력하면` 을 끌어온 뒤 채팅 명령어를 **시작**으로 바꿔 주세요.

02 `≡변수` 에서 변수 `수1`, `수2`, `입력값` 을 만들어 주세요.

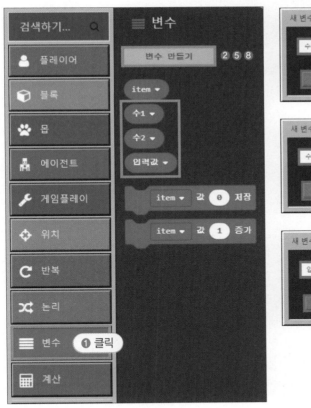

> **쌤Talk!** 게임에서 필요한 변수예요. 수1과 수2는 구구단 문제를 내는 데 필요한 변수고 **입력값**은 플레이어가 정답을 입력하는 값을 담는 변수예요.

03 ≡변수 에서 item 값 저장 을 두 번 끌어와 블록 안쪽에 연결한 뒤 각각 수1과 수2로 바꿔 주세요.

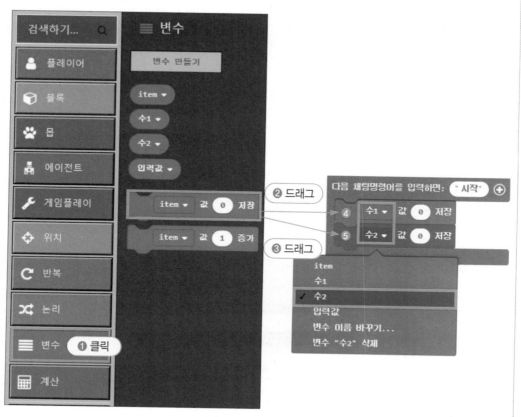

04 🖩계산 에서 랜덤 선택(정수) 을 끌어와 다음과 같이 수1 값의 0의 자리에 넣은 뒤 선택 값을 1~9로 바꿔 주세요.

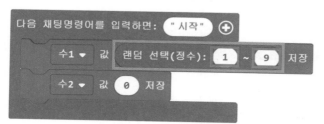

> **쌤Talk!** 수1과 수2를 랜덤 선택으로 하면 어떤 문제가 나올지 예측할 수 없어요.

05 같은 방법으로 랜덤 선택(정수) 을 끌어온 뒤 다음과 같이 바꿔 주세요.

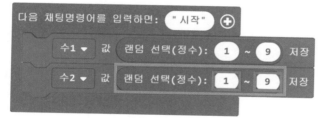

06 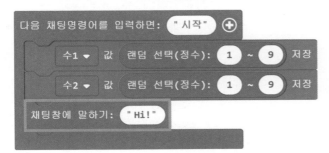 👤 플레이어 에서 채팅 창에 말하기 를 끌어와 연결해 주세요.

다음 채팅명령어를 입력하면: " 시작 " ⊕
　　수1 ▾ 값　랜덤 선택(정수): 1 ~ 9 저장
　　수2 ▾ 값　랜덤 선택(정수): 1 ~ 9 저장
　　채팅창에 말하기: " Hi! "

💬 Talk! 구구단 문제가 있는 메시지를 보여 주기 위해 필요해요.

07 ⋀ 고급 의 확장 메뉴인 T 문자열 에서 문자열 연결 을 끌어와 Hi! 자리에 넣어 주세요.

다음 채팅명령어를 입력하면: " 시작 " ⊕
　　수1 ▾ 값　랜덤 선택(정수): 1 ~ 9 저장
　　수2 ▾ 값　랜덤 선택(정수): 1 ~ 9 저장
　　채팅창에 말하기: 문자열 연결 " Hello " " World "

08 ⋀ 고급 의 확장 메뉴인 T 문자열 에서 문자열 연결 을 끌어와 World 자리에 넣어 주세요.

다음 채팅명령어를 입력하면: " 시작 " ⊕
　　수1 ▾ 값　랜덤 선택(정수): 1 ~ 9 저장
　　수2 ▾ 값　랜덤 선택(정수): 1 ~ 9 저장
　　채팅창에 말하기: 문자열 연결 " Hello " 문자열 연결 " Hello " " World "

💬 Talk! 문자열이 총 세 개 필요하므로 문자열을 두 개 더 연결한 거예요.

09 ☰ 변수 에서 변수 수1 과 수2 를 끌어와 다음과 같이 넣고, 문자열 연결 의 Hello를 **곱하기**로 바꿔 주세요.

다음 채팅명령어를 입력하면: " 시작 " ⊕
　　수1 ▾ 값　랜덤 선택(정수): 1 ~ 9 저장
　　수2 ▾ 값　랜덤 선택(정수): 1 ~ 9 저장
　　채팅창에 말하기: 문자열 연결 수1 ▾ 문자열 연결 " 곱하기 " 수2 ▾

💬 Talk! 이렇게 하면 실제로 보이는 구구단 문제가 '3 곱하기 5'처럼 보입니다.

10 👤플레이어 에서 다음 채팅 명령어를 입력하면 을 끌어온 뒤 채팅 명령어를 **답**으로 바꿔 주세요. 그다음에 ➕를 눌러 num1을 **입력값**으로 바꿔 주세요.

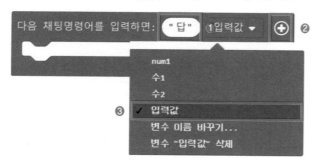

쌤Talk! 정답을 입력하는 명령이에요. 답이라는 채팅 명령어와 함께 **입력값**을 적어야 실행이 돼요.

11 ⤬논리 에서 만약(if) 아니면(else) 실행 을 끌어와 블록 안쪽에 연결해 주세요.

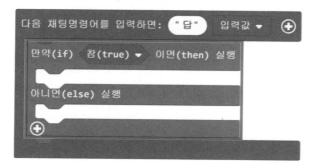

쌤Talk! 정답을 맞힌 경우와 틀린 경우를 모두 생각해야 해요.

12 ⤬논리 에서 0 = 0 을 끌어와 **참(true)** 자리에 넣어 주세요.

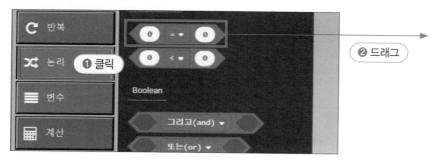

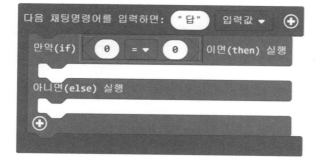

13  ▦ 계산 에서 곱하기 를 끌어와 첫 번째 0의 자리에 넣어 주세요.

14 ▤ 변수 에서 변수 수1 , 수2 , 입력값 을 끌어와 다음과 같이 연결해 주세요.

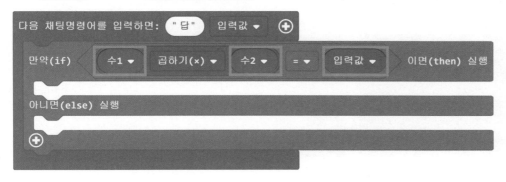

쌤Talk! 수1과 수2를 곱한 결과와 플레이어가 입력한 입력값이 같은지 아닌지 비교하는 과정이에요.

15 🧑플레이어 에서 채팅 창에 말하기 를 끌어와 블록 안쪽에 연결한 뒤 Hi!를 **정답입니다.**로 바꿔 주세요.

💬Talk! 정답을 맞혔을 경우이므로 정답입니다.라는 메시지를 말해요.

16 🤖에이전트 에서 에이전트가 이동 방향 거리 를 끌어와 연결해 주세요.

💬Talk! 정답을 맞히면 메시지를 말하고 에이전트는 앞으로 가도록 해요.

17 🧑플레이어 에서 다음 채팅 명령어를 실행 을 끌어와 연결한 뒤 jump를 **시작**으로 바꿔 주세요.

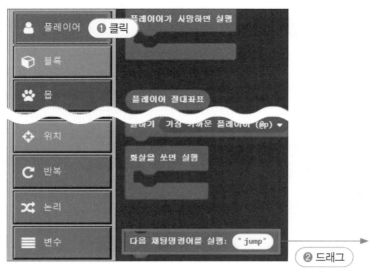

💬Talk! 정답을 맞혔든 틀렸든 다음 문제를 바로 내야 해요. 따라서 채팅 명령어인 시작을 실행하여 다음 문제가 바로 나오도록 해 주세요. 채팅 명령어 시작은 앞서 01에서 만든 구구단 문제를 내는 코드입니다. 다음 채팅 명령어를 실행 명령블록은 다른 채팅 명령어를 불러오는 명령이에요. 따라서 반복하는 명령이 있을 때 코드를 간단하게 만들어 주는 역할을 해요.

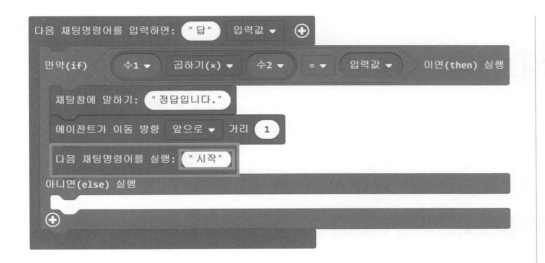

18 같은 방법으로 다음과 같이 코드를 만들어 주세요.

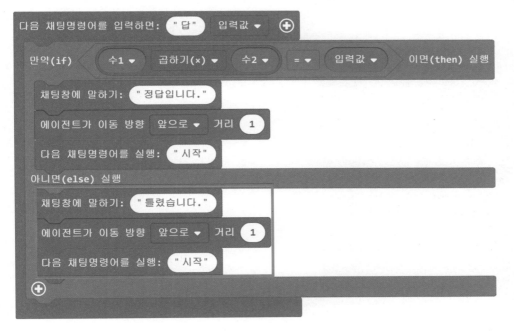

쌤Talk! 정답이 아닌 경우이므로 틀렸습니다.라는 메시지를 말해요. 그리고 채팅 명령어 시작을 실행하여 다음 문제가 바로 나오도록 해요.

19 에이전트가 이동 방향 거리 의 **앞으로**를 **뒤로**로 바꿔 주세요.

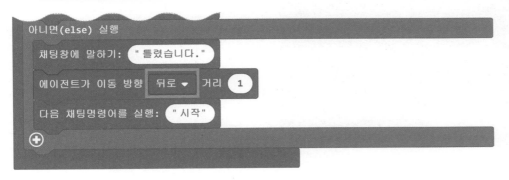

쌤Talk! 정답이 아닌 경우이므로 이번에는 에이전트가 뒤로 가게 해 주세요.

게임 실행하기

01 먼저 달리기를 할 수 있는 트랙을 만들어 보세요. 카펫 아이템은 다양한 색깔이 있어서 트랙을 만들기에 적합해요.

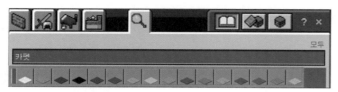

02 결승점은 에이전트가 감압판을 밟으면 레드스톤 램프가 켜지도록 만들어 보세요.

03 에이전트를 정해진 위치로 불러오세요.

쌤Talk! 에이전트가 플레이어에게 텔레포트 명령블록을 활용하면 쉬워요.

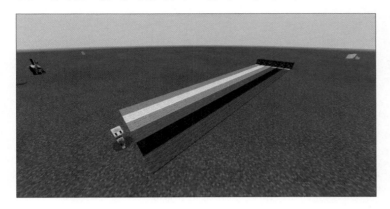

04 Enter를 누르고 채팅 창에 **시작**을 입력하고 실행 결과를 확인해 보세요.

```
<ssakk> 시작
[ssakk] 2곱하기5
```

쌤Talk! 채팅 명령어를 입력할 때는 답을 입력하고 한 칸 띄우고 입력값(정답에 해당하는 숫자)을 입력해 주세요.

05 정답을 입력해 보세요.

```
[ssakk] 2곱하기5
<ssakk> 답 10
[ssakk] 정답입니다.
[ssakk] 7곱하기1
<ssakk> 답 10
[ssakk] 틀렸습니다.
[ssakk] 8곱하기9
```

06 결승점에 먼저 도착하도록 문제를 빠르고 정확하게 풀어 주세요.

게임 변형하기

이동 거리 바꾸기

구구단 문제를 맞혔을 때 에이전트를 한 칸만 움직였더니 게임이 조금 단순해 보이네요. 에이전트가 이동하는 거리를 **입력값**으로 바꿔 보는 건 어떨까요? 문제에 따라 적게는 1칸, 많게는 81칸(9 × 9 = 81)까지 가는 경우도 생기겠네요. 이렇게 하면 뒤지고 있어도 역전할 기회가 남아 있어 마지막까지 최선을 다하지 않을까요?

≡변수 에서 입력값 을 끌어와 다음과 같이 연결해 주세요.

```
채팅창에 말하기: "정답입니다."
에이전트가 이동 방향  앞으로 ▼  거리  입력값 ▼
다음 채팅명령어를 실행: "시작"
아니면(else) 실행
  채팅창에 말하기: "틀렸습니다."
  에이전트가 이동 방향  뒤로 ▼  거리  입력값 ▼
  다음 채팅명령어를 실행: "시작"
```

구구단 문제 난이도 조절하기

아직 구구단이 익숙하지 않다고요? 아니면 구구단의 고수인가요? 변수 수1 과 수2 의 값을 적절히 조정하면 어떤 문제를 낼지 결정할 수 있어요.

다음 코드는 랜덤 선택 값을 1∼19로 바꿔 19단 문제까지 풀도록 바꾼 것입니다.

```
다음 채팅명령어를 입력하면: "시작"  ⊕
  수1 ▼  값  랜덤 선택(정수): 1 ~ 19  저장
  수2 ▼  값  랜덤 선택(정수): 1 ~ 19  저장
  채팅창에 말하기: 문자열 연결  수1 ▼  문자열 연결 "곱하기"  수2 ▼
```

쌤Talk! 19 곱하기 19와 같이 큰 수의 구구단은 외우기가 쉽지 않죠? 직접 두 수의 곱셈을 계산해 보면서 게임과 계산력이라는 두 마리 토끼를 잡아 보세요!

지뢰 지대를 통과하자

게임 방법 TNT 폭탄이 숨겨져 있는 지뢰 지대 통과하기 **게임 환경** 서바이벌 모드, 무한 맵

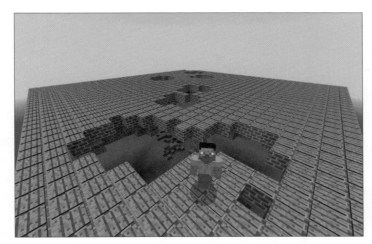

학습목표

블록 채우기 명령을 이용하여 지뢰 지대 통과 게임을 만들 수 있다.

상민샘: 병만아, 여기 한번 볼래?

병만이: 음? 아무것도 없는데요. 여기에서 저기 끝까지 가면 돼요?

상민샘: 맞아. 하지만 바닥에 지뢰가 숨겨져 있어.

병만이: 네?! 그럼 어떻게 빠져나가요?

상민샘: 게임을 시작할 때 TNT 블록이 잠깐 보일 거야. 그것을 잘 기억하면 돼.

병만이: 네?! 너무 잠깐이라 못 봤어요.

상민샘: 원래 게임은 복불복이란다. 하하.

01 ⬛플레이어 에서 다음 채팅 명령어를 입력하면 을 끌어온 뒤 채팅 명령어를 **시작**으로
바꿔 주세요.

02 🔧게임플레이 에서 난이도 설정하기 를 끌어와 블록 안쪽에 연결한 뒤 **평화로움**을
어려움으로 바꿔 주세요.

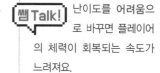

> **쌤 Talk!** 난이도를 어려움으로 바꾸면 플레이어의 체력이 회복되는 속도가 느려져요.

03 ⬛플레이어 에서 다음 좌표로 텔레포트 를 끌어와 연결한 뒤 좌푯값을 ~0 ~20
~0으로 바꿔 주세요.

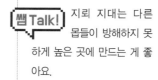

> **쌤 Talk!** 지뢰 지대는 다른 몹들이 방해하지 못하게 높은 곳에 만드는 게 좋아요.

04 📦블록 에서 블록놓기 를 두 번 끌어와 연결한 뒤 좌푯값을 ~0 ~-1 ~0과
~36 ~-1 ~36으로 바꿔 주세요.

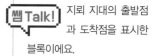

> **쌤 Talk!** 지뢰 지대의 출발점과 도착점을 표시한 블록이에요.

05 ☐블록 에서 블록 채우기 를 끌어와 연결한 뒤 좌푯값을 시작은 ~1 ~−3 ~1, 끝은 ~35 ~−2 ~35로 바꿔 주세요.

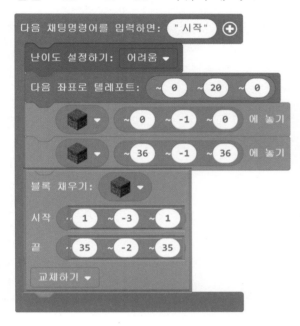

💬Talk! 지뢰를 묻어 둘 공간을 블록으로 채워 주세요.

06 ⟳반복 에서 반복(repeat) 을 끌어와 연결한 뒤 반복 값을 100으로 바꿔 주세요.

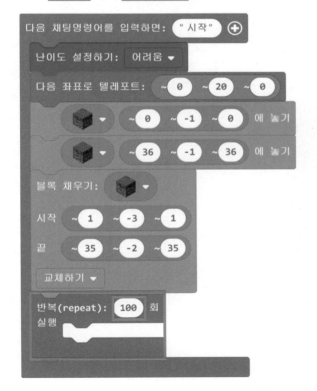

💬Talk! 반복 횟수는 TNT 블록의 개수를 뜻해요. 난이도를 높이려면 값을 높이면 돼요. 여기서는 일단 적당히 100개로 설정해 주세요.

07 블록 에서 블록 ~0 ~0 ~0에 놓기 를 끌어와 연결한 뒤 **블록**을 TNT로 바꿔 주세요.

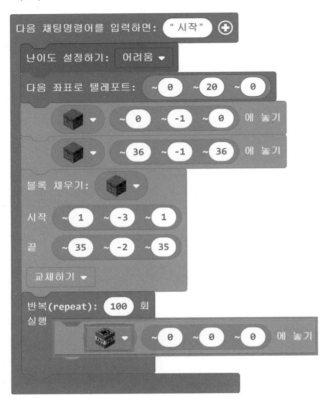

쌤Talk! TNT 블록은 작동하면 5초 후에 터지는 폭탄이에요. 일단 터지면 주변에 강력한 피해를 입힌답니다.

08 위치 에서 랜덤 위치 선택 을 끌어와 연결한 뒤 다음과 같이 좌푯값을 바꿔 주세요.

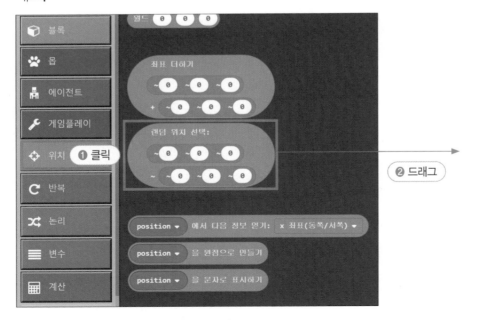

쌤Talk! TNT 블록을 무작위로 놓는 명령이에요. 그래야 플레이어가 TNT 블록의 위치를 예측하지 못하니까요. 랜덤 위치 선택은 주어진 시작 좌표와 끝 좌표 사이의 좌표를 무작위로 선택하는 명령이라는 것, 기억하죠?

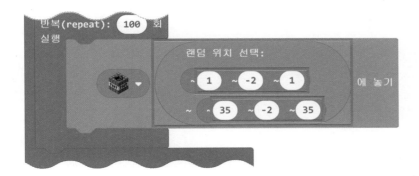

09 C 반복 에서 일시 중지 를 끌어와 연결한 뒤 일시 중지 시간을 5000으로 바꿔 주세요.

쌤Talk! TNT 블록의 위치를 기억할 수 있는 시간을 5초 정도로 줘요. 시간이 너무 짧으면 지뢰 위치를 기억하기 어렵겠죠?

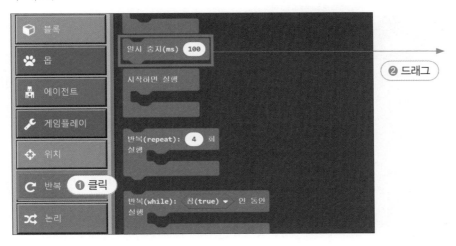

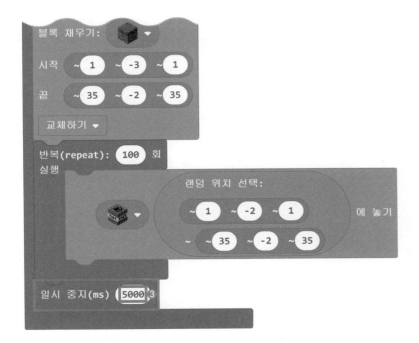

10 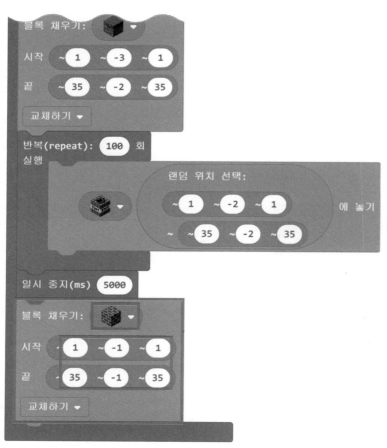블록에서 블록 채우기를 끌어와 연결한 뒤 좌푯값을 다음과 같이 바꿔 적고 블록을 **벽돌 블록**으로 바꿔 주세요.

쌤Talk! TNT 블록 위에 벽돌 블록을 덮어 TNT 블록을 숨기는 명령이에요.

11 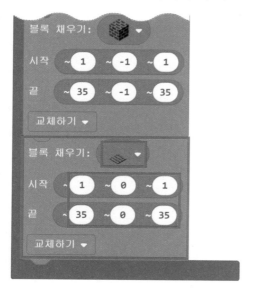블록에서 블록 채우기를 끌어와 연결한 뒤 좌푯값을 다음과 같이 바꿔 적고 블록을 **나무 감압판**으로 바꿔 주세요.

쌤Talk! 감압판은 압력을 감지하는 블록이에요. 감압판을 밟으면 감압판 아래에 있는 TNT 블록을 작동시켜요.

게임 실행하기

01 Enter를 누르고 채팅 창에 **시작**을 입력한 다음 실행 결과를 확인해 보세요.

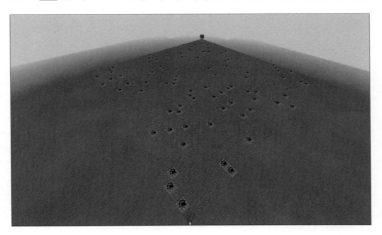

쌤Talk! TNT 블록이 놓이는 동안 TNT 블록의 위치를 잘 기억하세요.

02 채워진 블록의 반대편으로 TNT 블록을 피해 이동하세요.

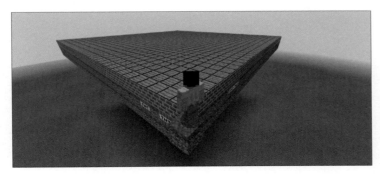

03 TNT 블록을 터트리지 않고 끝까지 이동했다면 성공입니다.

🏴 웅크리고 걷는 규칙 추가하기

TNT 블록을 건드려도 지뢰가 터지는 데까지 5초가 걸리기 때문에 재빠르게 이동하면 피해를 입지 않아요. 이렇게 되면 플레이어가 지뢰 위치를 무시하고 움직이는 경우가 생기겠죠? 이런 상황을 대비해 플레이어가 달려가거나 걸어가면 공중으로 텔레포트하는 명령을 추가하여 플레이어를 꼼짝 못하게 해야 해요. 달리거나 걸어갈 수 없다면 플레이어는 웅크리고 이동해야겠죠? 웅크리는 명령은 Shift 를 이용해요.

다음과 같이 코드를 추가하여 웅크리고 걷는 규칙을 추가해 보세요.

01 👤플레이어 에서 플레이어가 걷고 있으면 실행 을 끌어와 주세요.

02 👤플레이어 에서 다음 좌표로 텔레포트 를 끌어와 블록 안쪽에 연결한 뒤 좌푯값을 다음과 같이 바꿔 주세요.

03 같은 방법으로 다음과 같은 코드를 옆에 추가하세요.

지뢰 개수 조절하기

게임이 너무 쉽나요? 혹은 너무 어렵나요? 게임 난이도를 조절하려면 TNT 블록의 개수와 블록이 채워지는 너비를 조절하면 돼요. TNT 블록이 많으면 당연히 게임이 어려워지겠죠? 반대로 블록이 채워지는 너비가 늘어나면 게임은 쉬워지겠죠? 플레이어가 지뢰를 밟을 가능성이 낮아지니까요.

다음과 같이 TNT 블록이 놓이는 반복 횟수를 바꾸면서 난이도를 조절해 보세요.

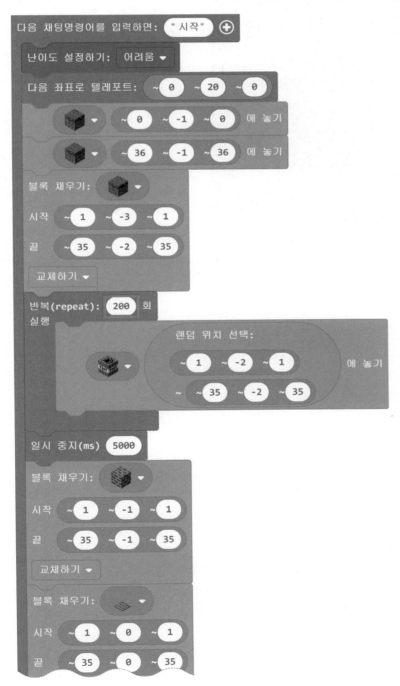

에이전트로 추상화 그리기

게임 방법 에이전트로 블록을 놓아 추상화 그리기 **게임 환경** 크리에이티브 모드, 평면 맵

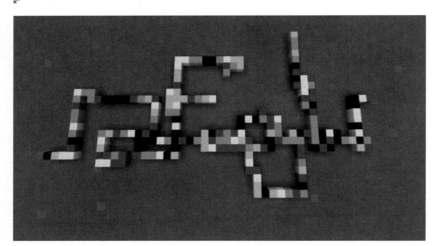

학습목표

에이전트가 무작위로 블록을 놓아 추상화를 그리게 할 수 있다.

 병만이
이게 뭐예요? 되게 신기한 그림 같아요. 근데 꽤 잘 만들었는데요?

그래? 사실 이건 에이전트가 그린 거야.
상민샘

 병만이
정말요? 대단한데요. 근데 코드가 복잡할 것 같아요.

만들기 쉬워. 그리고 더 놀라운 건 에이전트가 매번 다른 그림을 그린다는 거지!
상민샘

 병만이
매번 다른 코드를 만든다고요?

아니, 무작위로 만들어지는 변수와 조건을 이용하면
같은 코드로도 다양한 결과를 만들어 낼 수 있어.
상민샘

 병만이
궁금해요. 선생님. 빨리 만들어 봐요.

01  플레이어 에서 다음 채팅 명령어를 입력하면 을 끌어온 뒤 채팅 명령어를 **시작**으로 바꿔 주세요.

02 🖧 에이전트 에서 에이전트가 플레이어에게 텔레포트 를 끌어와 블록 안쪽에 연결해 주세요.

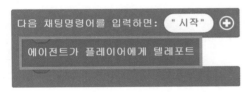

03 🖧 에이전트 에서 에이전트가 이동한 곳에 블록 놓기 를 끌어와 연결한 뒤 **거짓(false)**을 **참(true)**으로 바꿔 주세요.

💬 Talk! 에이전트가 이동하면서 블록을 놓도록 해요.

04 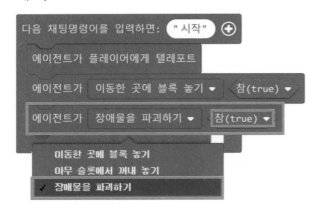 에이전트 에서 에이전트가 이동한 곳에 블록 놓기 를 연결한 뒤 **이동한 곳에 블록 놓기**를 **장애물을 파괴하기**로 바꿔 주세요. 그리고 **거짓(false)**을 **참(true)**으로 바꿔 주세요.

쌤Talk! 에이전트가 장애물을 만나면 파괴하고 새로운 블록을 놓도록 하는 명령이에요.

05 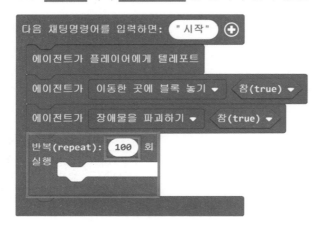 반복 에서 반복(repeat) 을 끌어와 반복 값을 100회로 바꿔 주세요.

쌤Talk! 에이전트가 회전하거나 이동하는 판단 횟수예요. 반복 값에 따라 그림 크기가 정해져요.

06  변수 에서 item 값 저장 을 끌어와 블록 안쪽에 연결해 주세요.

쌤Talk! 세 가지 경우에서 한 가지를 무작위로 판단하기 위해 변수를 사용해요.

07 📊계산 에서 랜덤 선택(정수) 을 끌어와 0의 자리에 넣은 뒤 선택 값을 1 ～ 7로 바꿔 주세요.

> **쌤Talk!** 변수는 반복할 때마다 1~7의 숫자 중에서 하나로 정해져요.

08 🔧에이전트 에서 에이전트가 슬롯을 활성화 를 끌어와 연결해 주세요.

09 📊계산 에서 랜덤 선택(정수) 을 끌어와 1의 자리에 넣은 뒤 선택 값을 1～5로 바꿔 주세요.

> **쌤Talk!** 에이전트의 슬롯 역시 1~5의 숫자 중에서 하나가 무작위로 선택됩니다.

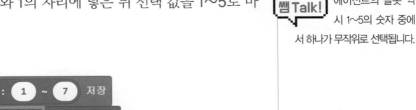

10 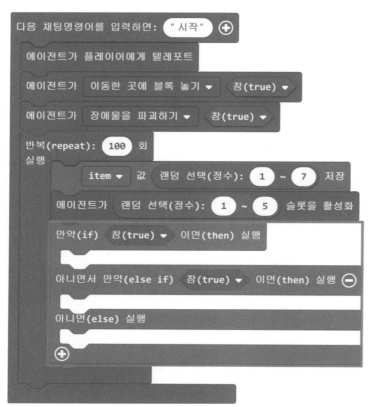 **논리** 에서 **만약(if) 아니면(else) 실행** 을 끌어와 연결한 뒤 ⊕를 눌러 조건을 추가하세요.

쌤Talk! 에이전트가 왼쪽으로 회전, 오른쪽으로 회전, 앞으로 이동하는 경우를 만들어야 하므로 여기에 맞춰 조건을 세 가지로 추가하세요.

다음 채팅명령어를 입력하면: "시작" ⊕

에이전트가 플레이어에게 텔레포트

에이전트가 이동한 곳에 블록 놓기 ▼ 참(true) ▼

에이전트가 장애물을 파괴하기 ▼ 참(true) ▼

반복(repeat): 100 회 실행

item ▼ 값 랜덤 선택(정수): 1 ~ 7 저장

에이전트가 랜덤 선택(정수): 1 ~ 5 슬롯을 활성화

만약(if) 참(true) ▼ 이면(then) 실행

아니면서 만약(else if) 참(true) ▼ 이면(then) 실행 ⊖

아니면(else) 실행

⊕

11 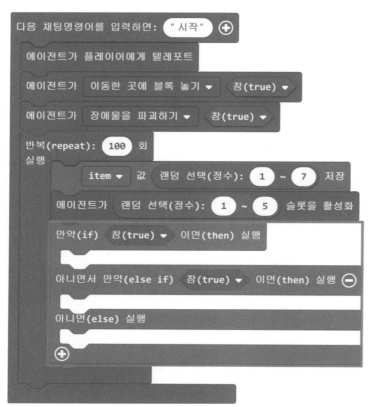 **논리** 에서 **0=0** 을 끌어와 **참(true)**의 자리에 넣은 뒤 오른쪽 0을 1로 바꿔주세요.

반복(repeat): 100 회 실행

item ▼ 값 랜덤 선택(정수): 1 ~ 7 저장

에이전트가 랜덤 선택(정수): 1 ~ 5 슬롯을 활성화

만약(if) 0 = ▼ 1 이면(then) 실행

아니면서 만약(else if) 참(true) ▼ 이면(then) 실행 ⊖

아니면(else) 실행

⊕

12 ☰변수 에서 item 을 끌어와 왼쪽 0의 자리에 넣어 주세요.

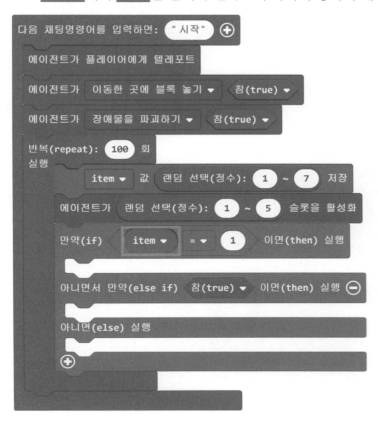

13 🔧에이전트 에서 에이전트가 회전 을 끌어와 블록 안쪽에 연결해 주세요.

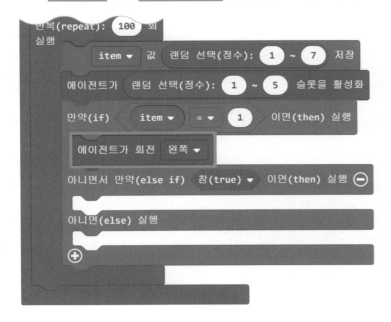

Talk! item이 1이면 에이전트가 왼쪽으로 회전한다는 뜻이에요. 1~7에서 1인 경우이므로 왼쪽으로 이동할 가능성은 낮습니다.

14 같은 방법으로 다음과 같이 조건을 만들어 주세요.

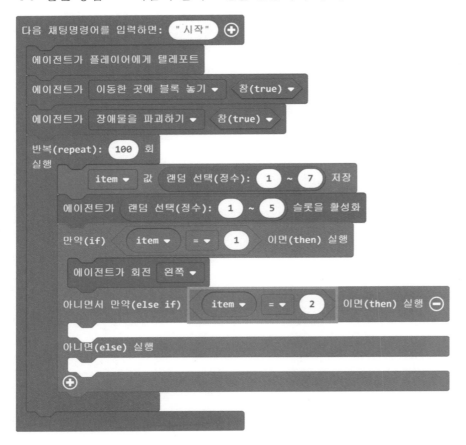

15 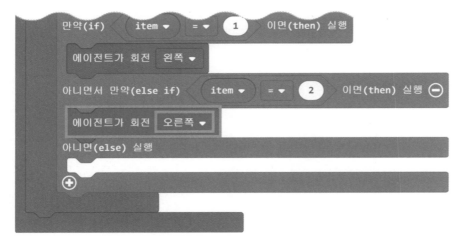 에이전트 에서 에이전트가 회전 을 끌어와 블록 안쪽에 연결한 뒤 **왼쪽**을 **오른쪽**으로 바꿔 주세요.

쌤Talk! item이 2면 에이전트가 오른쪽으로 회전한다는 뜻이에요. 1~7에서 2인 경우이므로 오른쪽으로 회전할 가능성과 왼쪽으로 회전할 가능성은 같아요.

16  🖥에이전트 에서 에이전트가 이동 방향 거리 를 끌어와 블록 안쪽에 연결해 주세요.

💬Talk! item이 1이나 2일 경우를 제외했을 때 에이전트는 앞으로 이동한다는 뜻이에요. 1부터 7까지 숫자 중에서 3부터 7까지 경우이므로 앞으로 이동할 가능성은 다른 경우보다 높아요. 앞으로 이동할 경우가 회전하는 경우보다 자주 발생해야 블록을 많이 놓을 수 있겠죠? 에이전트가 회전하면 블록을 놓지 못하거든요. 이해가 잘 되지 않더라도 걱정하지 말고 우선은 실행해 보세요.

01 에이전트의 인벤토리를 열어 다섯 번째 슬롯까지 적당한 블록을 넣어 주세요.

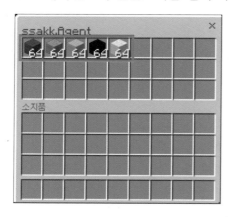

02 플레이어가 그림을 그리고 싶은 위치로 이동하세요.

03 Enter를 누르고 채팅 창에 **시작**을 입력한 다음 실행 결과를 확인해 보세요.

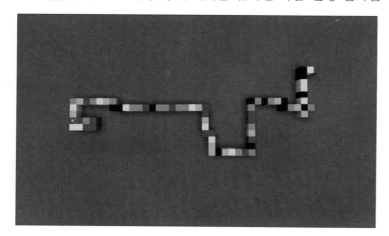

샘Talk! 그림이 마음에 들지 않거나 부족하게 느껴지나요? 그러면 새로운 위치에서 다시 명령을 실행해 보세요. 에이전트가 새로 그림을 그릴 거예요.

▨ 그림이 그려지는 모양 바꾸기

명령을 실행하여 만들어지는 결과물은 플레이어가 미리 알 수 없어요. 하지만 코드에 있는 값을 몇 가지만 바꿔 주면 플레이어가 원하는 모양을 어느 정도는 만들 수 있어요.

01 에이전트가 이동 방향 거리 의 거리 값을 높이면 그림에 직선이 더 많아질 거예요.

```
만약(if)      item ▼  = ▼  ( 1 )  이면(then) 실행
   에이전트가 회전  왼쪽 ▼
아니면서 만약(else if)   item ▼  = ▼  ( 2 )  이면(then) 실행 ⊖
   에이전트가 회전  오른쪽 ▼
아니면(else) 실행
   에이전트가 이동 방향  앞으로 ▼  거리 ( 1 )
⊕
```

02 에이전트가 슬롯을 활성화 에서 랜덤 선택(정수) 의 선택 값을 1~3으로 낮춰 보세요. 블록 개수가 줄어들어 색채가 단순한 그림이 나올 거예요.

```
반복(repeat):  100  회
실행
   item ▼  값  랜덤 선택(정수): ( 1 ) ~ ( 7 )  저장
   에이전트가  랜덤 선택(정수): ( 1 ) ~ ( 3 )  슬롯을 활성화
   만약(if)   item ▼  = ▼  ( 1 )  이면(then) 실행
      에이전트가 회전  왼쪽 ▼
   아니면서 만약(else if)   item ▼  = ▼  ( 2 )  이면(then) 실행 ⊖
```

입체 그림 그리기

01 에이전트가 회전 오른쪽 을 삭제하고 대신 에이전트가 이동 방향 up 거리 3 을 넣어 보세요. 에이전트가 위로도 이동할 수 있을 거예요.

02 에이전트가 위로도 이동하면서 그림을 그리므로 그림이 입체적으로 그려져요.

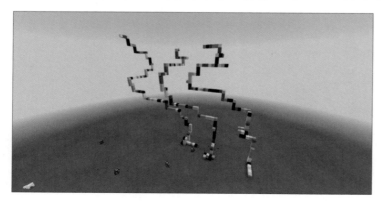

좀비 서바이벌

게임 방법 땅이 갈라지고 좀비가 나오는 곳에서 오래 살아남기 **게임 환경** 서바이벌 모드, 평면 맵

병만이 혁! 선생님, 제 발밑에 있는 땅이 갈라지고 용암이 생겼어요.

어서 움직여야 해. 안 그러면 용암에 빠져 죽어.   **상민샘**

병만이 살려 주세요! 이제 좀비까지 달려들어요.

좀비를 피하면서 움직여! 좀비들이 용암에 빠져 죽도록 유인해!   **상민샘**

병만이 앗! 제가 용암에 빠져 버렸어요.

하하. 그래도 잘 했어. 쉬지 않고 움직이기가 힘들지?   **상민샘**

병만이 네, 그래도 재미있었어요!

01 👤플레이어 에서 다음 채팅 명령어를 입력하면 을 끌어온 뒤 채팅 명령어를 **시작**으로 바꿔 주세요.

02 👤플레이어 에서 다음 좌표로 텔레포트 를 끌어와 블록 안쪽에 연결한 뒤 좌푯값을 ～0 ～10 ～0으로 바꿔 주세요.

03 📦블록 에서 블록 채우기 를 끌어와 연결한 뒤 좌푯값을 ～0 ～－1 ～0과 ～50 ～－5 ～50으로 바꿔 주세요.

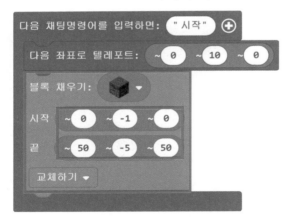

쌤Talk! 게임을 진행할 장소는 월드의 높은 곳이어야 해요. 그 이유는 플레이어가 움직일 수 있는 범위를 제한해야 하기 때문이에요. 플레이어가 텔레포트한 뒤 아래에는 가로와 세로가 각각 50칸, 높이가 5칸인 직육면체 모양으로 블록이 채워져요.

04 🔧게임플레이 에서 난이도 설정하기 를 끌어와 연결한 뒤 **평화로움**을 **기본**으로 바꿔 주세요. 🔧게임플레이 에서 시간 설정 을 끌어와 연결한 뒤 **낮**을 **밤**으로 바꿔 주세요.

쌤Talk! 좀비를 등장시켜야 하므로 기본 난이도로 바꿔 주세요. 좀비는 밤에만 나오므로 시간을 밤으로 바꿔 주세요.

05 🔁반복 에서 반복(repeat) 을 끌어와 연결한 뒤 반복 값을 **20**으로 바꿔 주세요. 🐾몹 에서 소환 동물을 위치 를 끌어와 블록 안쪽에 연결해 주세요. 🐾몹 에서 몬스터 를 끌어와 **동물** 위치에 넣은 뒤 **좀비**로 바꿔 주세요.

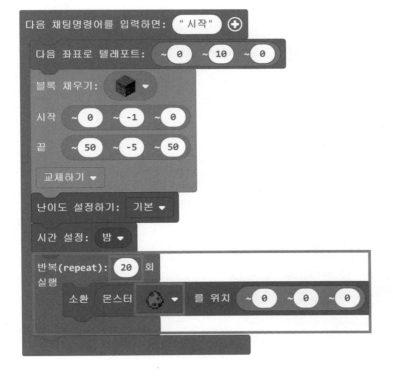

쌤Talk! 반복 횟수는 등장하는 좀비의 수입니다. 20회 정도면 너무 많지도 적지도 않아 적당해요.

06 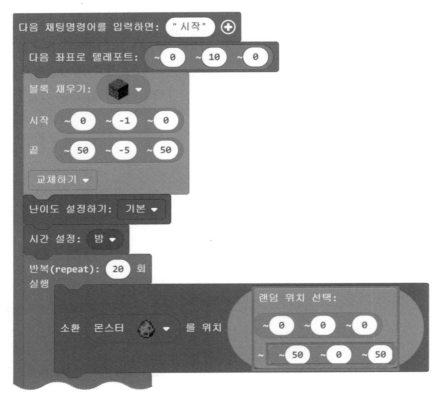 위치 에서 랜덤 위치 선택 을 끌어와 **좌표** 자리에 넣은 뒤 좌푯값을 ~50 ~0 ~50으로 바꿔 주세요.

쌤Talk! 좀비가 나올 때 채워진 블록 밖으로 나가면 안 되겠죠? 따라서 좀비의 좌표를 채워진 블록의 X, Y 좌표와 똑같이 해 줘야 해요.

07 플레이어 에서 채팅 창에 말하기 를 끌어와 연결한 뒤 Hi!를 곧 게임이 시작됩니다. 준비하세요!로 바꿔 주세요. 반복 에서 일시중지 를 끌어와 연결한 뒤 시간 값을 5000으로 바꿔 주세요.

쌤Talk! 게임을 시작하면 플레이어 아래에 있는 블록이 바로 사라지면서 용암으로 채워져요. 따라서 준비할 시간을 5초 정도 주는 거예요.

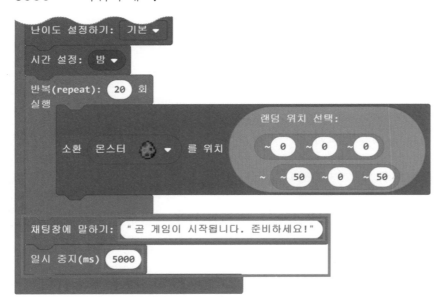

08 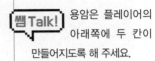 에서 반복(repeat) 을 끌어와 연결한 뒤 반복 값을 300으로 바꿔 주세요.

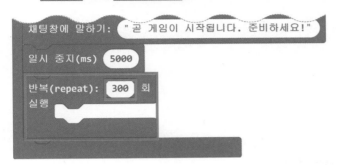

쌤Talk! 플레이어 아래에 있는 용암 블록을 채우는 명령을 반복하는 횟수랍니다. 300회 정도면 충분할 거예요. 반복이 끝나면 게임이 끝나요.

09 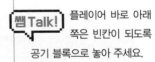 에서 블록 채우기 를 끌어와 연결한 뒤 블록 채우기의 **블록**을 **용암**으로 바꾸고 시작과 끝의 좌푯값을 다음과 같이 바꿔 주세요.

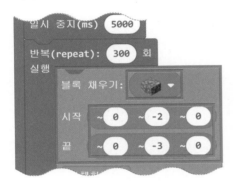

쌤Talk! 용암은 플레이어의 아래쪽에 두 칸이 만들어지도록 해 주세요.

10 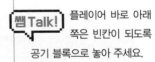 에서 블록 놓기 를 끌어와 연결한 뒤 **블록**을 **공기**로 바꾸고 좌푯값을 다음과 같이 바꿔 주세요.

쌤Talk! 플레이어 바로 아래쪽은 빈칸이 되도록 공기 블록으로 놓아 주세요.

01 Enter를 누르고 채팅 창에 **시작**을 입력한 다음 실행 결과를 확인해 보세요.

쌤Talk! 게임을 시작하면 밤으로 바뀝니다. 너무 어둡게 느껴지면 설정 → 비디오 → 밝기에서 밝기를 높여 주세요.

02 더 이상 용암이 생기지 않을 때까지 용암과 좀비를 피해다니며 살아남아야 해요. 밖으로 떨어지지 않도록 신경 쓰면서 플레이하세요.

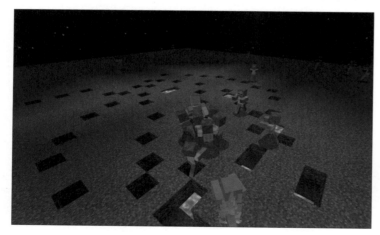

쌤Talk! 쉬지 않고 달리는 게 가장 중요해요. Ctrl 을 누른 채로 이동하면 더 빨리 뛸 수 있어요.

03 실패했다면 다른 위치로 이동한 뒤 명령을 다시 실행하여 도전하세요.

쌤Talk! 좀비의 공격을 피하기가 어렵나요? 난이도 설정하기 명령블록의 값을 쉬움으로 바꿔 보세요. 플레이어가 죽어서 다시 게임을 시작할 때는 메이크코드의 명령을 멈췄다가 다시 실행하세요. 그렇지 않으면 플레이어 아래에 용암이 계속해서 생기므로 반복해서 죽을 수 있거든요.

소환되는 몬스터 바꾸기

좀비는 걸음도 느리지만 공격도 느려요. 플레이어에게는 큰 위협이 되지 않을 수
도 있어요. 심지어 숙련된 플레이어는 좀비를 용암으로 유인해서 죽이는 여유를
보이기도 해요. 게임의 재미를 위해 난이도를 높이려면 몬스터 종류를 바꿔 보세
요. 좀벌레는 작지만 빨리 움직이고 공격도 빨라요. 그만큼 빨리 움직이면서 피해
야 해요. 크리퍼는 어떨까요? 크리퍼는 큰 피해를 입히는 자폭 공격을 해요. 크리
퍼의 공격을 받은 플레이어는 큰 피해를 입고 밀려나요.

다음과 같이 소환되는 몬스터를 바꿔 보세요.

시간 설정: 밤 ▼

반복(repeat): 20 회
실행

소환 몬스터 🐞 ▼ 를 위치

랜덤 위치 선택:

~ 0   ~ 0   ~ 0

~ 50   ~ 0   ~ 50

채팅창에 말하기: " 곧 게임이 시작됩니다. 준비하세요!"

🟫 아이템을 가지고 시작하기

몬스터에게 당할 수만은 없다고요? 정말 숙련된 플레이어는 용암을 피하면서 동시에 몬스터를 없앨 수도 있어야 해요. 게임을 시작할 때 플레이어에게 다이아몬드 검을 줘 볼까요? 몬스터를 얼마나 없앴는지도 게임의 점수로 포함시켜 보세요. 더욱 흥미진진해지겠네요.

01 🐾**몹**에서 블록이나 아이템 주기 를 끌어와 다음과 같이 연결하고 **가장 가까운 플레이어**를 **자기 자신**으로 바꿔 주세요.

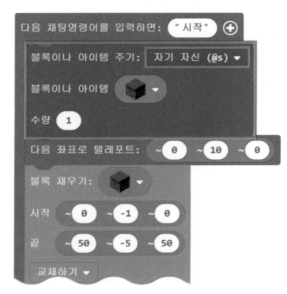

02 🟦**블록**에서 아이템 을 끌어와 연결한 뒤 **다이아몬드 검**으로 바꿔 주세요.

◼️ 게임 공간 줄이기

우리가 만든 게임에서 블록이 채워진 넓이는 가로 50칸과 세로 50칸으로 총 2500칸이에요. 용암이 500번 생긴다면 꽤 넓은 편이에요. 지금보다 게임을 어렵게 만들려면 블록이 채워지는 넓이를 좁혀 보세요. 지면이 좁혀지면 플레이어는 그만큼 더 힘들게 몬스터를 피해 다녀야겠죠?

다음과 같이 블록의 크기를 줄이고 반복 횟수를 늘리면서 게임을 즐겨 보세요.

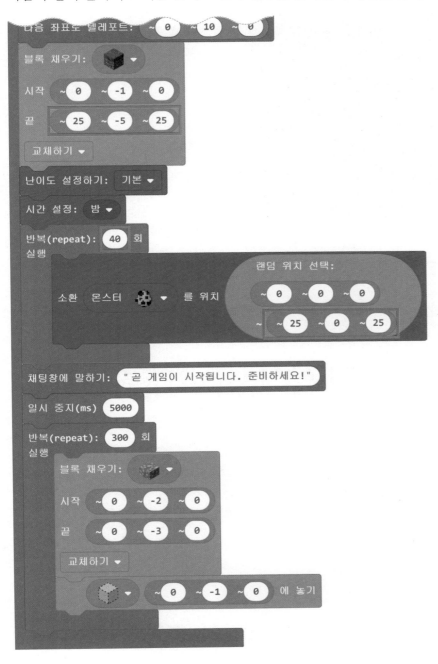

나는야 동물 사냥꾼

게임 방법 최대한 많은 동물을 잡아 점수를 모으세요. **게임 환경** 서바이벌 모드, 무한 맵

학습목표

몹과 논리 명령어를
활용하여 동물 사냥꾼
게임을 만들 수 있다.

병만이

선생님, 늑대가 아주 많은데요? 이번 게임은 늑대를 잡는 게임인가요?

맞아. 소환된 늑대가 여기저기서 보이지? 늑대는 먼저 공격하지만 않으면 위험하지 않아.
하지만 일단 늑대를 공격하면 주변에 있던 늑대가 모두 몰려와 공격하니까 조심해야 해.

상민샘

병만이

꺄호! 선생님! 잡았어요. 화면에 점수가 나타나요.

한 마리를 잡을 때마다 1점이야. 10점을 얻으면 아이템을 줄 거야.

상민샘

병만이

맨손으로 잡기가 너무 힘들어요. 아이템을 주세요!

하하. 공짜는 없지. 어서 10점을 만들어!

상민샘

01 게임 코딩하기

01 👤플레이어 에서 다음 채팅 명령어를 입력하면 을 끌어온 뒤 채팅 명령어를 **시작**으로 바꿔 주세요.

02 🔧게임플레이 에서 난이도 설정하기 를 끌어와 연결한 뒤 **평화로움**을 **쉬움**으로 바꿔 주세요.

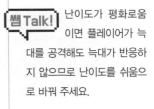
쌤Talk! 난이도가 평화로움이면 플레이어가 늑대를 공격해도 늑대가 반응하지 않으므로 난이도를 쉬움으로 바꿔 주세요.

03 🔁반복 에서 반복(repeat) 을 끌어와 연결한 뒤 반복 값을 30으로 바꿔 주세요.

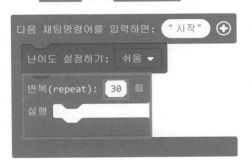

쌤Talk! 반복 횟수는 곧 동물을 몇 마리 사냥할 것인지를 뜻해요. 즉, 30회 반복이면 30마리를 사냥하는 거예요.

04 🐾몹 에서 소환 동물을 위치 를 끌어와 연결한 뒤 **동물**을 **늑대**로 바꿔 주세요.

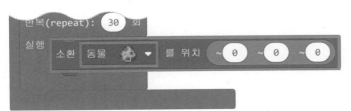

쌤Talk! 늑대는 무리로 움직이는 공격적인 동물이니 조심하세요.

05  **몹**에서 **몹 동물이 죽었다면 실행**을 끌어온 뒤 **동물**을 **늑대**로 바꿔 주세요. 앞서 만든 코드에 연결하지 말고 옆에 새로 만들어 주세요.

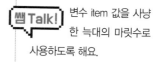**쌤 Talk!** 채팅 명령어로 실행되는 명령어가 아닌 늑대가 죽었을 때 실행되는 명령이에요.

몹 동물 🐾 ▼ 이 죽었다면 실행

06 **변수**에서 **item 값 1 증가**를 끌어와 블록 안쪽에 연결해 주세요.

쌤 Talk! 변수 item 값을 사냥한 늑대의 마릿수로 사용하도록 해요.

몹 동물 🐾 ▼ 이 죽었다면 실행
　　item ▼ 값 1 증가

07 **플레이어**에서 **채팅 창에 말하기**를 끌어와 연결해 주세요.

몹 동물 🐾 ▼ 이 죽었다면 실행
　　item ▼ 값 1 증가
　　채팅창에 말하기: "Hi!"

08 **고급**의 확장 메뉴인 **문자열**에서 **문자열 연결**을 끌어와 Hi! 자리에 넣어 주세요.

몹 동물 🐾 ▼ 이 죽었다면 실행
　　item ▼ 값 1 증가
　　채팅창에 말하기: 문자열 연결 "Hello" "World"

09 **문자열 연결**의 Hello를 현재 점수로 바꿔 주세요. **변수**에서 **item**을 끌어와 World 자리에 넣어 주세요.

쌤 Talk! 늑대를 잡을 때마다 잡은 마릿수를 '현재 점수 XX' 형식으로 보여 줘요. 늑대 다섯 마리를 잡았다면 '현재 점수 5'라고 표시되겠죠?

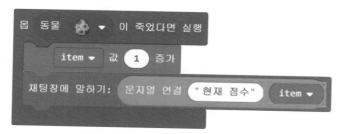
몹 동물 🐾 ▼ 이 죽었다면 실행
　　item ▼ 값 1 증가
　　채팅창에 말하기: 문자열 연결 "현재 점수" item ▼

10  논리 에서 만약(if) 이면(then) 실행 을 끌어와 연결해 주세요.

11 논리 에서 0=0 을 끌어와 **참(true)** 자리에 넣어 주세요.

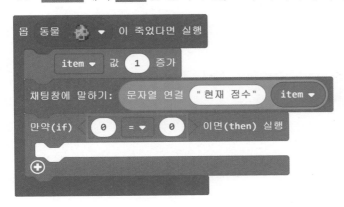

12 변수 에서 item 을 끌어와 등호(=) 왼쪽에 있는 0 자리에 넣고 오른쪽에 있는 0을 10으로 바꿔 주세요.

13 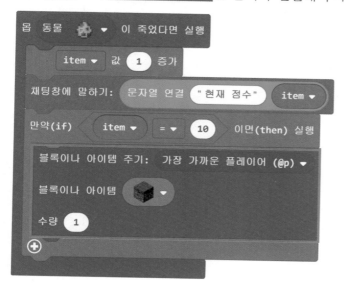몹에서 블록이나 아이템 주기 를 끌어와 연결해 주세요.

쌤Talk! 잡은 늑대의 마릿수, 즉 변수 item 값이 10이면 실행된다는 뜻이에요.

14 블록이나 아이템 주기 의 가장 가까운 플레이어를 자기 자신으로 바꿔 주세요.

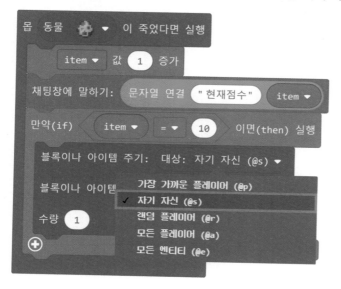

15 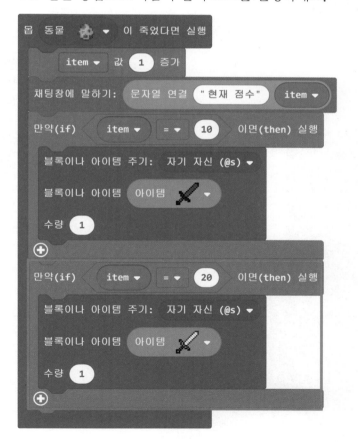블록에서 아이템 을 끌어와 다음과 같이 연결한 뒤 **아이템**을 **목검**으로 바꿔 주세요.

쌤Talk! 늑대를 열 마리 잡아 10점을 얻었다면 보상으로 목검을 주는 명령이에요.

16 같은 방법으로 다음과 같이 코드를 완성하세요.

쌤Talk! 15와 거의 같지만 이번에는 20점을 얻었을 때 보상으로 철제 검을 줘요. 앞에서 작성한 코드와 비슷한 코드를 하나 더 만들고 싶다면 명령블록을 복사해 보세요. 복사하려는 명령블록을 마우스 오른쪽 버튼으로 누르고 팝업 메뉴에서 복사를 선택하면 됩니다.

01 Enter를 누르고 채팅 창에 **시작**을 입력한 다음 실행 결과를 확인해 보세요.

02 늑대가 소환되면 마우스 왼쪽 버튼을 열심히 눌러 늑대를 잡으세요. 공격을 피하면서 늑대를 잡아 보세요. 점수가 모아지면 보상으로 아이템을 얻을 수 있답니다. 최대한 많은 늑대를 잡아 높은 점수를 얻어 보세요.

쌤Talk! 늑대의 공격이 너무 강력한가요? 그럴 때는 늑대와의 거리를 적당히 유지하세요. 거리가 멀어지면 늑대는 더 이상 공격하지 않거든요. 혼자 떨어져 있는 늑대부터 공격하면 쉬워요.

쌤Talk! 점수를 많이 모아 목제 검을 얻으면 게임이 훨씬 쉬워질 거예요.

🟦 계속 나오는 늑대

소환된 늑대를 모두 잡고 난 후에는 늑대를 찾아다니기가 어려워요. 무한 맵에서 늑대를 찾는 건 생각만큼 쉬운 일이 아니거든요. 늑대를 잡을 때마다 또 다른 늑대가 소환되도록 하면 어떨까요?

🐾 몹 에서 소환 동물을 위치 를 끌어와 다음과 같이 연결해 주세요. 늑대를 아무리 잡아도 늑대는 계속 나올 거예요.

🟦 벌칙 추가하기

몹 동물이 죽었다면 실행 명령을 이용하면 재미있는 규칙을 여러 개 만들 수 있어요. 실수로 다른 동물을 잡으면 플레이어가 죽는 규칙을 추가해 볼까요?

다음과 같이 몹 동물이 죽었다면 실행 을 끌어와 **동물을 닭**으로 바꿔 주세요. 그리고 👤 플레이어 에서 다음 좌표로 텔레포트 를 끌어와 연결한 뒤 다음과 같이 좌푯값을 바꿔 주세요. 이제 플레이어가 아무데나 함부로 클릭했다가는 떨어져 죽을 수도 있겠네요.

■ 보상 바꾸기

늑대는 거리가 가까울 때만 공격하므로 활을 이용해 공격하면 사냥이 훨씬 유리
해져요. 다음과 같이 20점을 받았을 때 보상으로 활과 화살을 받도록 코드를 바꿔
보세요. 활은 반드시 화살이 있어야 공격할 수 있어요. 마우스 오른쪽 버튼을 누른
상태에서 화살로 과녁을 조준하고 쏠 준비가 되면 마우스 오른쪽 버튼에서 손가락
을 떼세요.

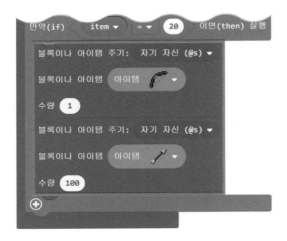

■ 몹 바꾸기

늑대를 잡는 게 너무 쉽다면 다른 동물로 바꿔 보세요. 예를 들면 박쥐는 어디로
움직일지 예측하기 어려운 동물이에요. 능숙한 플레이어조차 잡기 힘들어하는 동
물이에요. 그만큼 활도 잘 다뤄야겠죠? 그러려면 활을 쏘는 연습도 꽤 해야 할 거
예요. 꼭 동물이 아니라도 괜찮아요. 위협적인 몬스터를 사냥하는 것도 재미있을
거예요. 단, 몬스터를 소환하려면 시간을 **밤**, 난이도를 **쉬움** 이상으로 바꿔야 한다
는 걸 잊지 마세요.

곡예비행을 해 보자

게임 방법 딱지날개를 붙이고 장애물을 통과하며 비행하기 **게임 환경** 크리에이티브 모드, 평면 맵

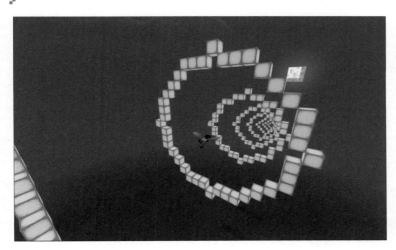

학습목표

장애물을 만들고 곡예비행을 해서 통과할 수 있다.

상민샘

병만아, 마인크래프트에는 딱지날개라는 재미있는 아이템이 있는 거 아니?

딱지날개요? 곤충 날개 같은데… 하늘을 날 수 있게 하는 아이템인가요?

병만이

상민샘

응. 비슷해. 그런데 날 수 있는 건 아니고 천천히 비행하면서 떨어지게 해 주는 거야.

아하! 낙하산이나 글라이더 같은 거군요.

병만이

상민샘

맞아. 오늘은 딱지날개를 이용해서 장애물을 통과하는 곡예비행을 해 볼 거야.
코딩 실력도 중요하지만 마인크래프트 게임을 조작하는 실력도 중요하단다.

하하. 게임이라면 자신 있어요! 걱정 마세요.

병만이

게임 코딩하기

01 📛플레이어 에서 다음 채팅 명령어를 입력하면 을 끌어온 뒤 채팅 명령어를 **시작**으로 바꿔 주세요.

02 📛플레이어 에서 다음 좌표로 텔레포트 를 끌어와 블록 안쪽에 연결한 뒤 좌푯값을 다음과 같이 바꿔 주세요.

> **쌤Talk!** 딱지날개로 비행을 하려면 높은 곳에서 떨어져야 해요. 따라서 플레이어가 높은 곳으로 텔레포트 하는 명령이 필요해요.

03 📦블록 에서 블록놓기 를 끌어와 연결한 뒤 좌푯값을 다음과 같이 바꿔 주세요.

> **쌤Talk!** 플레이어 바로 아래에 블록을 놓아요. 딱지날개로 비행하기 위한 출발점이랍니다.

04 ☰변수 에서 변수 높이 , 위치 , 반지름 을 만들어 주세요.

> **쌤Talk!** 세 변수는 원 모양의 장애물을 만들기 위해 필요해요.

05 변수에서 item값 저장 을 끌어와 연결한 뒤 item을 **높이**로 바꾸고 값을 −5
로 바꿔 주세요.

쌤Talk! 원 모양 장애물의
시작 높이를 정해요.

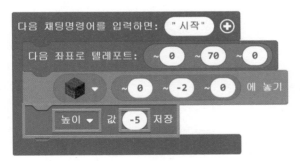

06 같은 방법으로 변수에서 item값 저장 을 끌어와 다음과 같이 코드를 만들
어 주세요.

쌤Talk! 원 모양 장애물의 시
작 위치와 반지름을
정해요.

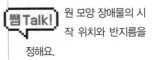

07 반복에서 반복(repeat) 을 끌어와 연결한 뒤 반복 값을 11로 바꿔 주세요.

쌤Talk! 원 모양의 장애물이
만들어지는 개수가
열한 개가 됩니다.

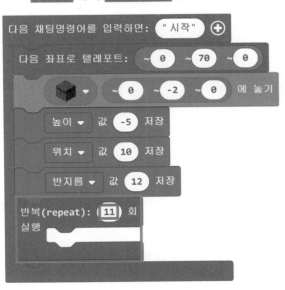

08 **^고급**의 확장 메뉴인 **○모양**에서 **원모양만들기**를 끌어와 블록 안쪽에 연결한 뒤 블록을 **바다 랜턴**으로 바꿔 주세요.

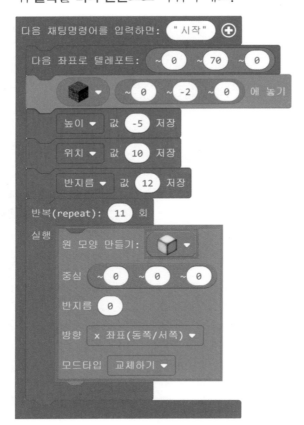

쌤Talk! 바다 랜턴은 스스로 빛을 내기 때문에 밤에도 잘 보여요. 그만큼 장애물을 만들기에도 적합한 블록이에요.

09 **원모양만들기**에서 모드 타입을 **교체하기**에서 **외곽선**으로 바꿔 주세요.

10 ☰변수 에서 변수 높이 , 위치 , 반지름 을 끌어와 다음과 같이 연결해 주세요.

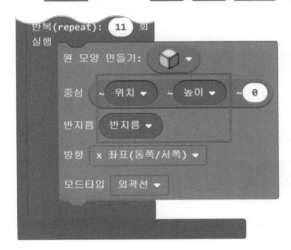

11 ☰변수 에서 item 값 증가 를 끌어와 연결한 뒤 item을 **높이**로 바꾸고 값을 **−3** 으로 바꿔 주세요.

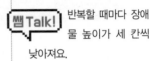

쌤Talk! 반복할 때마다 장애 물 높이가 세 칸씩 낮아져요.

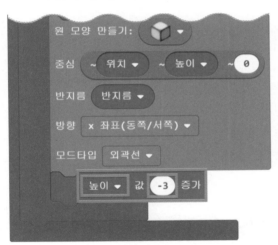

12 같은 방법으로 ☰변수 에서 item 값 증가 를 끌어와 다음과 같이 코드를 만들 어 주세요.

쌤Talk! 반복할 때마다 장애 물의 위치와 크기가 얼마나 변하는지 정하는 코드 예요.

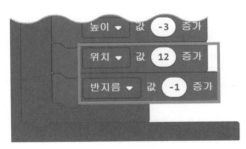

게임 실행하기

01 아이템 창에서 딱지날개를 검색해서 찾은 뒤 플레이어에게 달아 보세요.

02 Enter를 누르고 채팅 창에 **시작**을 입력한 다음 실행 결과를 확인해 보세요.

쌤Talk! 장애물이 모두 만들어질 때까지는 약간 시간이 걸려요. 움직이면 장애물이 만들어지는 위치가 달라질 수 있으니 잠시 기다리세요.

03 출발점에서 뛰어내린 뒤 Space를 한 번 더 눌러 비행을 시작하세요. 장애물을 통과하면서 끝까지 비행해 보세요.

쌤Talk! 마우스 방향을 움직여 비행 방향을 조종할 수 있어요.

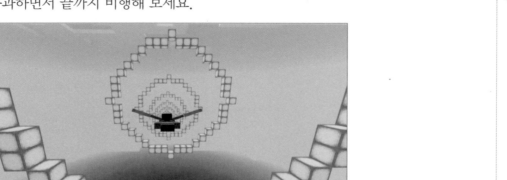

장애물의 높이 값 바꾸기

활동 02에서는 장애물 높이가 세 칸씩 일정하게 낮아지도록 만들었어요. 이번에는 높이 변수 값을 `랜덤 선택(정수)` 으로 바꿔 장애물의 높이가 매번 달라지도록 해 보세요. 장애물을 예측하기 어려워지면서 게임이 더욱 흥미진진해질 거예요.

야간 비행하기

야간 비행은 어떨까요? 달빛과 별빛만 비치는 어둠 속에서 홀로 빛나는 바다 랜턴 블록, 그 사이를 통과하면서 비행하는 낭만을 즐겨 보세요.

다음과 같이 `게임플레이` 에서 `시간 설정` 을 끌어와 블록 안쪽에 연결한 뒤 시간 설정 값을 **밤**으로 바꿔 주세요. 그리고 야간 비행을 즐겨 보세요.

⬛ 좌푯값 추가하기

활동 02에서 만든 게임에서는 장애물 높이가 바뀌었지만 오른쪽 방향과 왼쪽 방향은 바뀌지 않았어요. 변수 값을 추가하면 장애물이 오른쪽에 나왔다 왼쪽에 나왔다 하도록 바꿀 수 있어요. 색다른 비행을 즐길 수 있겠죠?

01 ≡변수 에서 변수 위치2 를 만들어 주세요.

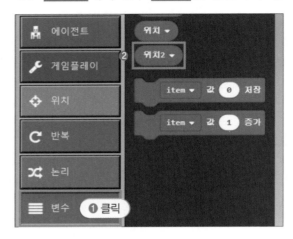

02 ≡변수 에서 item 값 저장 을 끌어와 연결한 뒤 item을 **위치2**로 바꿔 주세요.

03 ≡변수 에서 변수 위치2 를 끌어와 다음과 같이 연결해 주세요.

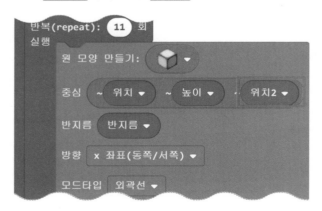

04 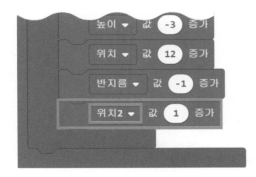변수 에서 item 값증가 를 끌어와 연결한 뒤 item을 **위치2**로 바꿔 주세요.

05 ▦계산 에서 랜덤 선택(정수) 을 끌어와 연결한 뒤 선택 값을 −4~4로 바꿔 주세요.

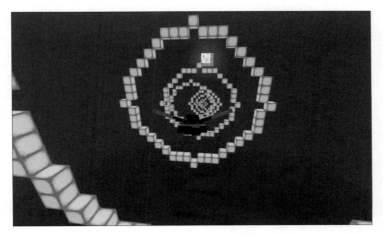

INDEX